Ode aan de vrouw

de seizoenen van het leven

PATRICIA BLOK

Ode aan de vrouw
de seizoenen van het leven

Copyright © 2012 , 2015 concept en tekst Patricia Blok
www.patriciablok.com / www.patriciablok.nl

Vormgeving omslag Syrp & Co.
Foto auteur (lente) © Diana Blok
Fotos auteur (omslag, zomer, herfst) © Billie Glaser
Foto's portretten © Patricia Blok
Foto Lietje van Blaaderen Eigendom © Sarabande van Blaaderen
Tekeningen vier seizoenen Shutterstock
Vertaling interview pagina 171-189 en 193-208 Anna M. Perquin
Opmaak binnenwerk Syrp & Co
Tekst op pagina 220-223 met toestemming overgenomen uit:
Oud worden, hoe doe je dat? Ervaringsdeskundigen aan het woord. Samenstelling Kor Bedee.
Stichting Uitgeverij Papieren Tijger, Breda, 2003.

ISBN 978-0-9967165-1-2

Alle rechten voorbehouden.
Niets uit deze uitgave mag worden verveelvoudigd en/of openbaar gemaakt door middel van druk, fotokopie, microfilm of op welke andere wijze ook, zonder voorafgaande schriftelijke toestemming van de uitgever.

SQUARE CIRCLES PUBLISHING
www.SquareCirclesPublishing.com

Opgedragen aan Kabir, mijn zoon.

Ik kom uit een gezin van vrouwen. Mijn vader was de enige man. Toen ik je voor het eerst in mijn armen hield, dacht ik: elke man is ooit zo kwetsbaar geweest! Ik was diep geraakt.

Toen je drie was, vroeg ik je een keer: wat wil je, dit of dat? Jij antwoordde: 'Allebei!' Daar had ik nooit aan gedacht. Jij blijft mij verrassen en zowel mijn leven als dat van vele anderen verrijken. Jou te kennen geeft mij hoop. Houd de fakkel brandend!

Patricia

Inhoud

Voorwoord vii

Lente

Patricia Blok, mijn verhaal 2
Nadia Babke 8
Raphaela van Leer 20

Zomer

Patricia Blok, mijn verhaal 32
Patrizia Melis 44
Anastassia Bote 60
Sultan Kara-Celik 76
Suzy Blok 92
Sonia Herman Dolz .108

Herfst

Patricia Blok, mijn verhaal 126
Candy Duinker 130
Vakil Eelman 146
Frida van der Horst .158
Maria Olga Novella .170
Beatriz Novella de Torrebiarte 192

Winter

Patricia Blok, mijn verhaal 212
Lietje van Blaaderen .218
Jannie Wolfswinkel .226

Dankwoord 239
Vrouwelijk Leiderschap; Koningin van je eigen gebied! .240

Voorwoord

Lieve lezer,

Net als met de liefde, opent elke nieuwe passie de deur naar een volgende, grotere passie. Zo is ook dit boek ontstaan. Na Dichter bij jezelf, *uitgegeven in 2006, dacht ik nooit meer een boek te willen schrijven. Maar mijn verlangen om de schoonheid in mensen – in dit geval vrouwen – te onthullen, deed mij besluiten opnieuw een boek te schrijven.*

Ode aan de vrouw is een fantastisch avontuur geworden. Als vrouw en oudste van vier zussen heb ik altijd veel bewondering gehad voor andere vrouwen. Het schrijven van dit boek was voor mij een manier om verbonden te blijven, zowel met mijzelf als met de vrouw in het algemeen en haar betekenis in onze tijd. Wat betekent het om nu vrouw te zijn? Hoe gebruiken vrouwen uit verschillende culturen hun talenten om de uitdagingen in hun leven aan te gaan?

Elke ontmoeting in dit boek is een portret, waarin het juweel dat in iedere vrouw schuilt, wordt onthuld. Ieder van ons is een geheime schat, die ernaar verlangt om ontdekt te worden. De keuze van de vrouwen in dit boek heb ik op een intuïtieve manier gemaakt. Ieder van deze vrouwen vind ik bijzonder. In de loop van mijn leven heb ik veel bijzondere vrouwen gekend, maar mijn keuze werd ook bepaald door tijd. Ik zou nog jaren kunnen vullen met het schrijven van deze portretten, maar dan zou dit boek nooit afkomen.

De meeste vrouwen in het boek ken ik goed. Een aantal van hen kwam op mijn pad, en ik was zo geraakt door die ontmoeting, dat ik besloot ook van deze vrouwen een portret te maken. Mijn idee is dat je na het lezen van elk portret het gevoel krijgt dat je verrijkt bent. Dat je iets hebt herkend of geleerd, waardoor je leven niet meer hetzelfde is. Door elke vrouw word ik op een andere manier geïnspireerd. Het zijn portretten van vrouwen tussen de 21 en 93 jaar, in verschillende fases van het leven.

Wat ik vooral boeiend vind, is hoe al deze vrouwen hun talenten in hun leven gebruiken. En ook hoe ze in bijna alle gevallen hun werk en de zorg voor hun kinderen goed kunnen combineren. Ode aan de vrouw is uiteindelijk de titel geworden van dit boek.

Ik heb een aantal vragen opgesteld, waarvan ik denk dat ze interessant zijn om het antwoord erop te weten. In mijn achterhoofd had ik jou, de lezer. Het moest vooral een inspirerend boek worden. Als verbindend verhaal vertel ik over de verschillende fases in mijn eigen leven. Ik heb zelf nog niet alle fases meegemaakt, maar de fases die ik heb doorlopen, daar heb ik over geschreven.

Toen ik aan het boek begon wist ik niet dat het uiteindelijk om vrouwen uit verschillende culturen zou gaan, terwijl de meesten wel in Nederland wonen. Het is een fusion geworden van vrouwen van verschillende leeftijden, culturen en religies, die vertellen over zichzelf en over de keuzes die hun leven hebben gemaakt tot wat het is.

Bij elke ontmoeting wilde ik die vrouw beter leren kennen. Ik was benieuwd naar wat haar diep had geraakt. Wat was de motor achter een bepaalde beweging in iemands leven? Waarom die specifieke keuze? Waarom dat beroep? En ik wilde ook weten hoe iedere vrouw haar professionele leven met haar persoonlijke leven wist te combineren.

Terwijl ik de ander ontmoette, deed het telkens ook iets met mij. Het was een nadere kennismaking met mijzelf, of met aspecten van mijzelf. Vele vrouwen hebben talenten en eigenschappen die ik niet heb. Tijdens het maken van de interviews, en vooral bij het lezen daarvan, heb ik veel geleerd. Dingen die ikzelf moeilijk zou vinden, zijn voor sommigen van deze vrouwen vanzelfsprekend. Door de ontmoeting met elk van hen, ben ik niet meer dezelfde persoon als daarvoor.

Elk van de vrouwen heeft een boodschap. Niet alleen aan het eind van hun verhaal, maar in alles wat ze prijsgeven van zichzelf. Het zijn ware juwelen aan een prachtig collier. En die deel ik met jou...

Veel plezier!

Patricia Blok

Lente

Ontdek je inspiratie en de passie die
je voortdrijft
Droom je dromen
Neem af en toe een risico waardoor je
misschien gelukkiger wordt
Kies je eigen ding

Patricia Blok

Mijn Verhaal

Voor iedere vrouw is haar moeder haar eerste liefde. Door haar baarmoeder werd je omhuld en gevoed aan het begin van je leven. Misschien is het dat verlangen om één te zijn, dat telkens weer in ons leven terugkomt. Het is het verlangen naar de ultieme liefde en vereniging dat ons steeds verder drijft in de zoektocht naar onszelf.

Liefde toelaten, liefde geven en gezien worden, blijven voor ieder van ons belangrijke drijfveren gedurende ons hele leven. Het verlangen naar liefde inspireert en daagt ons steeds verder uit om nieuwe lagen van onszelf en anderen te ontdekken.

Voor mij is de liefde de oorzaak en het doel van mijn bestaan. Elke liefde die mijn hart wist te raken, opende steeds weer een nieuw raam naar de volgende horizon van mijn leven. Het leren uiten en delen van gevoelens is een levensproces. Het verlangen om onze passie en liefde te uiten is ook de bron van alle creativiteit en elk creatief proces. Of wij nu onze liefde uiten in menselijke relaties, in projecten of in allebei, het is dezelfde liefde die ons draagt.

Hoe volgen wij onze passie zonder onszelf te verliezen? Dit is een levenskunst die wij leren naarmate wij ouder worden. Het is een heel dunne lijn. Steeds opnieuw kunnen wij onszelf verliezen en terugvinden in ons eigen centrum.

Toen ik eenentwintig was, woonde ik met mijn ouders in Mexico-Stad. Daar aan de universiteit ontmoette ik een jongen, Danny, die dezelfde dag jarig was als mijn moeder. Vanaf het eerste moment was er een sterke aantrekkingskracht tussen ons. Hij vertelde dat hij van mij had gedroomd en dat hij in zijn droom mijn ogen had gezien.

Mijn moeder, die Argentijnse is, had strenge regels voor mij en mijn zusters. Een daarvan was dat wij maagd moesten zijn voor het huwelijk. Zouden wij deze regel overtreden, dan wachtte ons een leven als 'gevallen vrouw'. En daar wilde niemand mee trouwen.

Maar Danny wist mij te verleiden, hij dreigde me te verlaten als ik niet met hem naar bed ging. Hij werd mijn eerste geliefde. Ergens in mijn achterhoofd was ik bang voor de consequenties, maar mijn nieuwsgierigheid en verlangen waren te groot. Langzaam verloor ik mijzelf. Het was allemaal zo mooi en heerlijk. Het werd een obsessie, ik wilde altijd bij hem zijn. Ik studeerde niet meer en ging niet meer naar de universiteit.

Op een dag werd ik uitgenodigd om naar Acapulco te gaan. Ik vroeg Danny om mee te gaan, maar hij zei dat hij moest studeren. Hij drong erop aan dat ik vooral wél moest gaan. Ik vertrouwde hem niet helemaal. Dat weekend in Acapulco werd een noodlottig weekend.

Ik vertrok met mijn zus Diana en een paar vrienden naar de kust. Het was daar heerlijk zomers en warm. We logeerden in een prachtige villa met een groot zwembad en uitzicht op zee. De volgende dag wilde ik 's middags bij het zwembad gaan liggen. Daar zag ik een prachtige, jonge man. Ik was onmiddellijk betoverd door zijn schoonheid. Ik liep naar hem toe en voor ik het wist, lagen wij met elkaar in een kamer. Die zwoele zomermiddag waren wij samen in het schemerige, tropische licht. En voor ik het wist, was het te laat.

Ik kreeg wroeging en schuldgevoelens. Terug in de stad, wilde ik het aan Danny vertellen, maar ik wist niet hoe. Ik was bang dat hij mij zou verlaten. Op een dag spraken wij af in het appartement dat hij met een vriend had gehuurd. Dat was de plek waar wij altijd samen waren. Ik kon het niet meer verzwijgen en vertelde hem wat er was gebeurd in Acapulco. En wat ik vreesde, gebeurde.

Vanaf dat moment veranderde alles. De liefde en passie die hij voor mij voelde, maakten plaats voor wantrouwen. Zo voelde ik dat tenminste. De hemel werd een hel. Ik was Danny kwijt en ik was ook geen maagd meer. Ik kon er met niemand over praten. Toen raakte ik in een neerwaartse spiraal. Het enige wat hielp, was het opschrijven van mijn gevoelens, omzwervingen en avonturen. Ik schreef op blocnotes en op kladjes papier. Ik ging de stad in en zei dat ik schrijfster was. Ik begon steeds meer de weg kwijt te raken. Totdat ik op een gegeven moment wakker werd in een vreemde stad, in een hotel waar ik niemand kende, zonder geld. Ik was daar naartoe gelift met een vreemde man. Toen moest ik beslissen. Zo doorgaan zou leiden tot de dood. Ik koos voor het leven. Ik besloot een nieuw leven voor mijzelf op te bouwen. Ver van Mexico en van Danny en van alles wat ik daar had meegemaakt.

Dit was ook het moment dat ik besloot mijn ouderlijk huis voorgoed te verlaten. Ik verhuisde naar Amsterdam. Mijn vader was een Nederlands diplomaat, en hoewel ik zelf in Argentinië was geboren, had ik een Nederlands paspoort.

Alle pijn die ik in de tijd na de breuk met Danny geleden heb, heeft uiteindelijk geleid tot de dood van een oud leven. En daaruit is nieuw leven voortgekomen. Een leven waarin ik vrij was om nieuwe gedachten en waarden te leren die beter bij mij pasten. Mijn ouders hadden de beste bedoelingen, maar nu voelde ik me vrij. Ik kon meer mijzelf zijn en een andere kant van mijzelf laten zien.

De beslissing om het oude achter mij te laten en het nieuwe te omhelzen, bleek voor mij de goede weg. Het was moeilijk: ik kende de taal niet en het was koud in Nederland. Maar de kracht van het besluit om opnieuw te beginnen, droeg mij door alle moeilijkheden heen. Stap voor stap kreeg mijn leven een betere richting. Ik leerde Nederlands, ik ging naar de universiteit en kreeg nieuwe vrienden. Het was ook in die tijd dat ik mijn interesse voor yoga en meditatie ontwikkelde. Ik huurde een piepklein kamertje, waar ik eerst het gevoel had dat het op een gevangenis leek, maar dit kamertje was helemaal van mij. Hier was ik eindelijk vrij. In die tijd begon ik weer te schrijven.

In de lente van ons leven ontdekken wij onze passie en onze dromen. Zo herinner ik mij dat ik als meisje in Colombia beschermd werd opgevoed. Ik had geen idee van wat er allemaal in de wereld om mij heen gebeurde. Ons huis was omringd door een hoge muur. Binnen de muur was een grote tuin met bomen waaraan allerlei tropische vruchten groeiden: mango's, papaja's en granaatappelen. 's Middags tijdens de siësta – als de grote mensen sliepen – speelden mijn zusjes en ik buiten in dat prachtige paradijs. Wij klommen in de bomen en plukten de heerlijke vruchten.

Op een middag speelde ik alleen in de tuin. Ik hoorde buiten de muur een meisje huilen. Er klonken schreeuwen van verdriet en wanhoop. Ik klom op de muur en keek naar beneden. Tot mijn grote schrik zag ik een indiaanse moeder die haar dochtertje sloeg en tegen de muur gooide. Ik bleef stil en angstig toekijken, ik kon niets doen. Ik begreep het niet. Hoe kon een moeder haar kind zo slaan? Wat zou ze gedaan hebben om dat te verdienen? Mijn kleine hoofd en hart bleven angstig en verward achter. Ik heb het nooit aan iemand verteld.

In dezelfde periode kwam er een keer een arme man bij ons aan het hek. Mijn moeder deed open en vroeg wat hij wilde. Hij vroeg eten en kleren 'als wij nog wat over hadden'. Ik dacht: Dat komt wel goed, wij hebben veel voor jou over. Mijn moeder beloofde eten en kleren voor hem te verzamelen en zei dat hij de volgende dag terug kon komen. Maar de volgende dag toen de bel ging, deed mijn moeder niet open. Buiten het ijzeren hek hoorde ik de man roepen: 'Waarom zei u dat ik terug moest komen?' Die wanhopige stem zal ik nooit vergeten.

Later, toen ik eenentwintig was en in Mexico-Stad woonde, heb ik een dakloze jongen mee naar huis genomen. Ik stopte hem in bad en gaf hem nieuwe kleren. Hij kon bij ons blijven wonen. Maar het duurde niet lang voordat hij besloot weer de straat op te gaan. Ik was teleurgesteld en begreep toen niet waarom hij voor *een leven op straat koos in plaats van bij ons gezin te blijven. Achteraf denk ik dat hij zijn vrijheid belangrijker vond.*

Als wij jong zijn, is ons leven gevuld met passie en dromen. Met de jaren krijgen wij meer begrip voor onszelf en de ander. Uit de ervaringen in ons leven leren wij onderscheidingsvermogen. Een appelboom kan alleen appels voortbrengen; een vijgenboom alleen vijgen, een palmboom alleen dadels. En zo is het ook met ons mensen.

Portretten van de lente: passie, inspiratie, dromen
In de lente van ons leven ontdekken wij de inspiratie en de passie die ons voortdrijft. Wij dromen onze dromen.

Mijn droom om schrijfster te worden, begon toen ik eenentwintig was. Maar eigenlijk was het verlangen om te schrijven er al veel eerder. Als jong meisje hoorde ik van mijn Spaanse literatuuronderwijzeres dat een beroemde Spaanse dichter had gezegd: 'In het leven moet je drie dingen doen: een boom planten, een kind krijgen en een boek schrijven.' Het moment dat ik dat hoorde, dacht ik: Ja, dat ga ik ook doen!

Pas jaren later werd mijn wens om schrijfster te worden werkelijkheid. Nadat ik mijn huidige partner Henk had ontmoet en ik zwanger was van onze zoon Kabir, begon ik mijn eerste boek te schrijven.

Mijn diepe wens om anderen te inspireren en te helpen, begon ook toen ik jong was. Nu begrijp ik dat het schrijven van boeken, naast mijn werk als coach, een belangrijke manier voor mij is om de ander te bereiken.

Zowel Nadia als Raphaela, de vrouwen die ik koos als voorbeeld voor de portretten van de lente, zijn jong en vol passie en inspiratie. Beiden volgen hun droom: Nadia om actrice in Londen te worden en Raphaela als zangeres in Amsterdam.

Nadia Babke

'Doe wat jij wilt en maak je dromen waar!'
– *Nadia Babke, 11 oktober 1990, Amsterdam*

Ik wil mijn boek, Ode aan de vrouw, *beginnen met Nadia. Voor mij is zij een goed voorbeeld van de lente van ons leven. Nadia is een zonnekind. Ze heeft een mooi uiterlijk en een prachtige ziel. En dat niet alleen; ze heeft het doorzettingsvermogen en de wil om haar dromen te leven en waar te maken.*

Ik ken Nadia vanaf haar geboorte. Ze is mijn jongste nichtje, de tweede dochter van Monica, mijn zus. De tijd rond de geboorte van Nadia was intens, omdat haar vader, John, drie maanden daarna stierf. Hij was een stralende en liefdevolle man.

Nadia was een prachtige baby, ze heeft altijd iets lichts gehad. Als kind droomde ze ervan om een personage in een sprookje te zijn. Toen ze drie jaar oud was, waren wij met de familie in Disneyland in Parijs. Monica had een mooie, roze jurk voor haar gekocht. Wij hadden ergens een kroon voor haar gevonden. Op een avond kleedden wij haar aan in haar nieuwe sprookjesjurk. Ik tilde haar op voor de spiegel in het kleine, donkere houten huisje waar wij logeerden. 'Wat vind je ervan?' vroeg ik. Nadia antwoordde: 'Ik ben Cinderella!' Dat moment zal ik nooit vergeten. Het was alsof het licht aanging.

Als kind bedacht ze na het zien van Matilda, *de verfilming van het boek van Roald Dahl, dat je meerdere levens in één leven waar kunt maken door ervoor te kiezen om actrice te worden. Tijdens het laatste jaar van de middelbare school richtte ze samen met een vriendin de 'Partij van de Liefde' op. Met andere medestudenten van het Barlaeusgymnasium in Amsterdam maakte ze een eigen campagne met als onderwerp: Liefde.*

Nadia is inmiddels eenentwintig jaar. Ze woont in Londen en studeert daar om actrice te worden.

Patricia Blok in gesprek met Nadia Babke

Ik vroeg mij af: Ken ik iemand die jong is en anderen inspireert door te zijn wie ze is? En dat ben jij! Kun je vertellen hoe je als kind was? Hoe was de omgeving waarin je opgroeide?

Ik ben in een stimulerende en positieve omgeving opgegroeid. Ik denk dat het veel heeft bijgedragen aan hoe ik in het leven sta en hoe ik verder wil gaan. Er was altijd veel familie om mij heen: tantes, een lieve moeder en zus.

Ik wist al vroeg dat ik later actrice wilde worden. De reacties in mijn omgeving waren altijd positief. Dat is heel waardevol voor mij geweest. Mijn familie stimuleerde mij. Er waren geen onredelijke eisen of regels waar ik als kind aan moest voldoen. Ik denk dat ik daardoor vrij veel verantwoordelijkheid voor mezelf heb leren nemen. Dingen doen omdat ik dat wil en niet omdat mij dat werd opgelegd.

Toen ik klein was, kon ik 's nachts vaak niet goed slapen. Dan zei mijn moeder: 'Als je drie nachten in je eigen bed slaapt, krijg je een cadeautje.' In plaats van: 'O, je bent niet in je eigen bed blijven slapen, nu krijg je straf.'

Hoe vind jij inspiratie?

Je hebt het nodig, het is essentieel. Als je niet door iets geïnspireerd wordt, kun je ook je passie niet uiten.

Misschien is dan de vraag: hoe vind jij je passie?

Mijn passie verandert altijd. Passie komt voort uit inspiratie. Het zit in kleine dingen die je raken, zoals een mooie tekening in een boek. Als kind raak je sneller ergens van onder de indruk. Bijvoorbeeld: een Disneyfilm is fantastisch! Dat is gewoon kunst in je leven als je drie bent.

Ik ben nu ook steeds weer op zoek naar dingen die mij echt kunnen raken, maar ik ben minder snel onder de indruk en minder snel overweldigd dan toen ik nog zo jong was. Misschien ben ik heel kritisch, maar ik zie zelden een toneelstuk waarvan ik denk: ja, dat is het. Als je met kunst bezig bent, wil je iets overbrengen aan andere mensen, misschien voor een deel omdat je datgene zelf niet kunt vinden.

Hoe ben je ertoe gekomen om actrice te worden?

Ik weet nog dat ik zes jaar was en samen met mijn moeder naar de film *Matilda* ging, naar een boek van Roald Dahl. Het ging over een meisje dat dingen op afstand kon laten bewegen met haar handen, zoals een boek. Als zesjarige begreep ik dat je echt geen dingen op afstand kunt laten bewegen met je handen of met je ogen. 'Maar hoe oud is dat meisje dan?' vroeg ik aan mijn moeder. 'Dat meisje is waarschijnlijk ook zes of zeven jaar,' antwoordde mijn moeder. Toen dacht ik: O, dan wil ik ook doen alsof ik dat kan.

Soms speelde ik dat ik danseres was. Ik wilde altijd zoveel dingen zijn: de ene dag een bakkersdochter en de volgende dag een cowboy. De enige manier om dat allemaal te kunnen doen in een kort leven, is om te spelen alsof je het doet.

Leuk dat je dat al zo vroeg wist. En je kijkt daarop terug als een belangrijk moment.

Ja, bij het zien van *Matilda*. Dat idee is mij altijd bijgebleven.

Vertel eens over belangrijke overwinningen in je leven tot nu toe.

Vorig jaar ging ik voor het eerst uit huis. Ik verhuisde naar Londen. Dat vond ik moeilijk. Vooral de eerste twee weken in een grote stad waar ik niemand kende. Ik ben altijd een moederskindje geweest. Ik kreeg vaak heimwee, maar vooral als ik me niet gemakkelijk voelde op een plek. Ik wist in mijn achterhoofd dat ik het kon en dat ik het moest doen voor mezelf. Maar ik was toch wel erg blij toen ik over die heimwee, paniek en claustrofobie heen was. Ik vroeg me steeds af: waar ben ik nu? Overdag had ik school, dan viel dat gevoel wel mee. Maar ik zal het eerste weekend nooit vergeten. Steeds dacht ik: Help, ik ken hier niemand. Het ging snel over, gelukkig. Het lukte mij om te schakelen van ultieme angst naar ultiem geluk. Het was heel extreem.

Wat op mij ook veel indruk heeft gemaakt, is dat je de ziekte van Pfeiffer kreeg toen je op het gymnasium zat. Je was moe, maar ging toch door. Dat heeft mij altijd geboeid. Hoe heb je dat gedaan?

Het gymnasium ging mij gemakkelijk af, ik hoefde eigenlijk niet te leren om het te halen. Toen werd ik ziek, door de Pfeiffer kon ik vier maanden niet op school komen. Maar ik leer het beste zelf en thuis, daar is geen afleiding. En toen had ik nog best een goed rapport ook. Ik nam vroeger weleens een dag vrij om bij te leren omdat ik op school te snel werd afgeleid.

Wat is je grootste uitdaging geweest?

Het is misschien niet zozeer een uitdaging, maar wel een belangrijke levenservaring. Ik ken mijn allerbeste vriendin sinds we zes jaar waren. Toen we de basisschool verlieten, gingen we niet naar dezelfde school. We waren heel verdrietig en iedereen zei: 'Jullie groeien uit elkaar. Jullie vinden wel weer andere vriendinnetjes.' Haar moeder en mijn moeder zeiden dat. Maar afgelopen zomer zijn we iedere dag bij elkaar geweest, dus we zijn echt wel vrienden voor het leven. In dat opzicht heb ik vertrouwen gekregen: je kunt iets waardevols behouden. Ik dacht misschien dat het af zou lopen, maar deze vriendschap blijft, dat weten we zeker.

Ben je bepaalde angsten te boven gekomen?

Ik was vroeger erg bang, ik had veel nachtmerries. Ik was ook bang voor inbrekers of mensen die doodgingen. Ik vond het heel vervelend om alleen te zijn. Dat is nu minder geworden. Ik heb geleerd een knop om te zetten.

Hoe doe je dat, die knop omzetten?

Gewoon doen! Ik denk dat als je in een situatie zit waar je niemand kent en je het echt alleen moet doen, je de knop omzet, omdat je geen andere keus hebt. Verder weet ik dat ik vroeger erg kon overdrijven. Ik had een grote fantasie. Als ik iets verzon, dan ging ik er zelf ook in geloven. Dat kon weleens uit de hand lopen. Zoals denken dat ik ziek was, en dan werd ik het ook. Dat heb ik los kunnen laten, ik ben nu nuchterder geworden. Met mijn voeten op de grond, terwijl ik er vroeger boven zweefde.

Misschien betekent de 'knop omdraaien' dat je er nu op vertrouwt dat het anders kan, dat je zelf de verantwoordelijkheid neemt voor dingen?

Als kind was ik nooit verlegen. Maar in de puberteit was er een periode dat ik het bijvoorbeeld moeilijk vond om iemand die ik niet kende, te bellen. Dan raakte ik in paniek. Daar ben ik overheen gekomen, maar nog steeds vind ik het niet leuk om vreemden te bellen.

Welke hobbels ben je tegengekomen bij het ontdekken en ontwikkelen van jezelf?

Er zijn altijd mensen die je dingen niet gunnen. Dat heb ik vaak meegemaakt; of ik nou vijf, zes of twaalf was. Ik heb veel problemen met leraren gehad, vooral met leraressen, die hebben zo'n machtspositie. Ik trok het me erg aan dat ze me wilden tegenhouden en dat mensen niet eerlijk waren.

Vroeger ging ik altijd een concurrentiestrijd aan als mensen me uitdaagden. Het sloeg nergens op, maar ik ging erin mee en dan kwam ik in een negatieve stroom terecht. Alleen maar om te bewijzen dat ik iets kon. Of het nu een rekentoets was met de minste fouten of wat dan ook. Het is natuurlijk altijd beter om te blijven focussen, om je aandacht erbij te houden.

En met acteren is het ook constant een rivaliteitkwestie. Nu weet ik dat mensen negatieve trekjes in mij naar boven kunnen halen. Ik heb dat waarschijnlijk ook ergens in mij. Dus zodra ik merk dat ik geïrriteerd raak en mij anders ga gedragen bij bepaalde mensen, zorg ik dat ik bij ze uit de buurt blijf. Of ik probeer erboven te gaan staan of ik neem meer afstand.

Andere mensen hebben misschien een of twee talenten, maar jij hebt er heel veel. Je bent mooi en intelligent. Maak je weleens mee dat mensen jaloers op je zijn? Er zijn mensen die zich ergeren aan mij, omdat ze denken dat ik te fragiel ben, maar dat is niet zo. En op school vroeger vonden sommige mensen mij niet leuk omdat ik anders was.

Ik zie mezelf niet als een typisch Nederlandse vrouw. De scholen waar ik op zat, waren vaak elitescholen. Ik voelde me er niet thuis.

En dat heb je allemaal weten te overwinnen en je bent jezelf gebleven.

Ja, ik had er ook slechter van kunnen worden. Ik kan niet tegen onrecht. Ik word daar verdrietig van en ook een beetje bang. Dan kan ik in een negatieve spiraal terechtkomen. Maar ik probeer dat niet meer te doen.

Zie jij verschillen tussen vroeger en nu in het gebruik van je talenten? Heb je misschien nieuwe eigenschappen in jezelf ontdekt?

Het is allemaal minder abstract geworden. Ik wilde altijd al acteren, maar ben het eigenlijk pas vorig jaar gaan doen. Ik weet beter wat ik wil, en heb dat meer in detail uitgewerkt. Ik weet nu waar ik goed in ben.

Ik had bijvoorbeeld een voorstelling in Londen, een kleine productie. Ik speelde de hoofdrol. Dat was erg leuk om te doen. Het ging over een meisje dat werd mishandeld en misbruikt, en op het eind werd ze vermoord. Het was een grote en heftige rol. Alle leraren en klasgenoten moesten vreselijk huilen. Ik ging helemaal uit mijn dak. Ik dacht: yes, ik heb iedereen aan het huilen gemaakt! Maar toen ik maandag weer in de les kwam, kreeg ik zoveel commentaar, mijn rol werd helemaal uit elkaar gepunnikt. Mijn stemcoach zei dat het allemaal op één toon was, dat dit niet goed was en dat niet goed was. Dan sta je wél weer met beide benen op de grond. Dan merk je dat je hard moet werken om te bereiken wat je wilt.

Dat je die mensen aan het huilen kreeg, is misschien een aangeboren talent, want je had nog niet eens een jaar acteerlessen gehad, toch?

Ja, maar ik denk ook dat je heel hard moet studeren om acteur te worden. Een deel is zeker talent, maar talent is een relatief begrip.

Ze staan in Londen op de academie met beide benen op de grond. Dat is in Nederland minder. Hier zien ze het acteurschap vaak als iets hoogs en heiligs. In Londen is het gewoon: werken en het vak leren. Dat is wel goed voor mij.

Misschien helpt dat ook om een beetje afstand te scheppen tussen een ster worden of acteur zijn?

Ja precies, het gaat veel minder om ijdelheid. Acteurs zijn wel vaak egocentrisch of ijdel, maar daar zorgen ze ervoor dat je er niet in blijft hangen. De ultieme acteur is iemand die zijn ijdelheid los kan laten. Alleen dan kun je je volledig geven. Als je dat bereikt, ben je op je hoogtepunt.

Dat heb ik ook wanneer ik een workshop of training geef. Eerst moet je het goed voorbereiden. Maar op het moment dat je daar staat, kun je improviseren. Je vergeet jezelf, omdat je het goed hebt voorbereid. Dan kun je loslaten en je overgeven en ontstaat er een wisselwerking tussen jezelf en, in jouw geval, het publiek. Dat is een creatief moment. Je komt dan in een bepaalde flow, alsof de tijd stilstaat, een moment van wezenlijkheid.

Door al dat werk dat je hebt gedaan, heb je een basis gelegd waarop je kunt terugvallen. Daarna kun je gewoon spelen.

En dan verlies je jezelf in het spel. Het is het moment waar iedere kunstenaar naar op zoek is. Eerst gebeurt het in jezelf, tijdens het maken of instuderen van het werk. En daarna deel je het met de ander. Je laat het zien. En de reactie van de anderen voedt je volgende stap. Je volgende creatie.

Ja, daar gaat het om. Het gebeurt niet altijd. Je weet dat het kan gebeuren, dat zijn de hoogtepunten.

Wat zijn je dromen voor de toekomst?

Ik vind het op dit moment eng om grote dromen te hebben. Vroeger zou ik gezegd hebben dat ik een Oscar zou willen winnen. Maar daar gaat het me niet meer om. Ik doe het nu stapje voor stapje. Ik wil acteren en ik heb daar geen naïeve dromen meer over. Ik weet hoe moeilijk het is en ik weet ook dat er waarschijnlijk nooit een grote doorbraak komt. Maar ja, wat is een grote doorbraak? Voor mij is het denk ik dat ik trots kan zijn op wat ik doe, dat ik verschillende dingen kan doen, verschillende rollen en verschillende uitdagingen.

Ik heb graag succes, want je kunt veel meer zeggen als je beroemd en groot bent. Daarom zou ik beroemd willen worden, niet om het beroemd zijn, maar om de mogelijkheden die ik dan heb. Ik ben heel gelukkig als ik kan acteren, dus alles wat daarmee te maken heeft, zal mij gelukkig houden.

Vorig jaar, toen ik op school zat en hele dagen les had en elke dag Shakespeare kon doen, heb ik geleerd dat het misschien niet beter wordt dan dit. Ik moet gewoon genieten van het nu. Dat heb ik altijd zo proberen te doen. En ik heb nog veel hoop voor de toekomst. Ik denk altijd aan de film *The Hours*, met Meryl

Streep. Daarin zegt ze tegen haar dochter, die wakker wordt in de ochtend en de zon ziet schijnen door de ramen: 'O, nu ga ik gelukkig worden, ik ben op weg naar het geluk.' En terwijl ze dat zegt, denkt ze: Maar dat wás geluk. Het moment dat ik dacht: ik ga gelukkig worden, wás het moment van ultiem geluk. Dus als ik denk: ja, het gaat goed, dan zeg ik gelijk: 'Nee, het ís goed!'

Doe jij je best om een beroemd actrice te worden?

Ja, maar er is ook een groot deel dat je niet in de hand hebt. Ik denk dat alle kunstenaars echt kunnen genieten van elk moment dat ze met hun vak bezig zijn. Anders houd je het gewoon niet vol voor de rest van je leven.

Dat is waar. Toen ik mijn eerste boek ging schrijven en het bijna klaar was, ben ik naar de boekhandel gegaan waar ik altijd mijn buitenlandse boeken kocht. Ik vertelde de eigenaar over mijn boek en hij zei: 'Dat gaat nooit lukken. Je kunt het manuscript naar alle mogelijke uitgeverijen sturen, maar het belandt bij iedereen in de prullenbak, ze krijgen er duizenden.' Dat vergeet ik nooit, ik heb niets teruggezegd, maar ik dacht: je zult wel zien. En bij een van mijn vorige boeken heb ik in die winkel mijn opening gedaan. Daarna was die man heel trots op mij en stonden mijn boeken meestal voorop!

Inmiddels heb ik acht boeken geschreven, waarvan er een in meerdere talen is vertaald. Je moet in jezelf blijven geloven, anders doet niemand het.

Ja, op de middelbare school in Nederland zijn de mensen behoorlijk nuchter. Als je zegt: 'Ik word actrice,' denkt iedereen: ja, dag! Maar ik heb nu al dingen meegemaakt en gedaan waarvan ik dacht dat ik ze nooit zou bereiken.

Ik heb voor mezelf kleine beloningen bedacht. Als ik in een goede film de hoofdrol speel, dan mag ik van mijzelf van mijn eerste salaris een Tiffany-armband kopen of Chanel-schoentjes.

Als je een sprookje over je leven zou verzinnen, hoe zou dat dan gaan?

Dan zou ik heel succesvol worden en zou ik iets heel romantisch meemaken. Zoals een Australische man ontmoeten, een cowboy, die mij zou meenemen op zijn paard. En verder veel films maken en gelukkig zijn. En uiteindelijk wil ik op een grote ranch wonen met veel paarden en een knappe man. Het mag ook een acteur zijn die een cowboy speelt, of heel lang heeft gespeeld. O, dit gaat alleen over mannen, maar ik ben ook ambitieus.

Heb je een boodschap voor andere vrouwen, of heb je een bepaald geheim waarvan je zegt: ja, dat kan ik aanbevelen?

Ik ben nog jong, dan heb je nog niet zoveel goede raad.

Waarom niet? Je hebt al heel wat raad gegeven.

Ik denk dat het belangrijk is om voor je eigen geluk te gaan. Het is cliché en simpel, maar doe wat je echt wilt doen. Ik snap best dat er mensen zijn die nog niet weten wat ze willen, zeker niet op negentienjarige leeftijd. Maar ga niet iets doen omdat je denkt dat het moet, of omdat het je zekerheid geeft.

Het is belangrijk om af en toe een risico te nemen en daardoor misschien gelukkiger te worden. Als je dan faalt – maar falen bestaat niet omdat je er toch weer iets van leert – kun je nooit spijt krijgen als je ouder bent. Je zult nooit denken: had ik dat maar gedaan!

Raphaela van Leer

'Luister naar jezelf, je weet het zelf het beste.'
– Raphaela van Leer, 19 oktober 1983, Utrecht

Raphaela is de dochter van Laura en Ophiel, twee van mijn soefivrienden. Ophiel was aanwezig op mijn huwelijk, dat plaatsvond in een grote tent op een meditatiekamp in de Franse Alpen. Wij waren allemaal jong, in het voorjaar van ons leven, en deelden de extase van samenzijn, muziek maken en mediteren in de natuur, hoog in de bergen. Onze idealen van liefde, harmonie en schoonheid hebben inmiddels vele testen doorstaan. Toch zien wij deze idealen weerspiegeld in onze kinderen, die inmiddels zelf in het voorjaar van hun leven zijn.

Ik had Raphaela lang niet gezien, toen ik haar weer ontmoette tijdens het tweede huwelijksfeest van haar vader. Geheel in de muziektraditie van de familie Van Leer – haar oom is Thijs van Leer – trad ze op. Ze bespeelde een synthesizer, en zong liedjes die ze zelf had gecomponeerd. Ik was onder de indruk. Hier stond een jong meisje van veertien, gekleed in een eigen punkcreatie met hart en ziel te zingen. Voor mij was dit het hoogtepunt van de avond.

Later ben ik haar een tijd uit het oog verloren, totdat ik samen met Henk uitgenodigd werd op haar afstudeerpresentatie bij het nieuwe Muziekgebouw aan het IJ in Amsterdam. Tot mijn verbazing stond daar een prachtige, blonde, jonge vrouw, gekleed in een lange, roze satijnen jurk, jazz te zingen. Dit was Raphaela! Ze was voor mij op dat moment de belichaming van liefde, harmonie en schoonheid.

Patricia Blok in gesprek met Raphaela van Leer

Mijn keuze is op jou gevallen omdat ik je inspirerend vind. Ik ken je ouders en ik heb jou zien opgroeien en opbloeien. Kun je iets vertellen over je jeugd? Hoe ben je opgegroeid, hoe was je omgeving?

Ik heb mijn jeugd en opvoeding als liefdevol ervaren. Mijn ouders waren een beetje hippies. Mijn moeder is nog steeds een hippie, mijn vader ietsje minder, maar in gedachten toch nog wel.

Ik ben de eerste acht jaar van mijn leven opgegroeid in een klein huis in het centrum van Utrecht, in een hofje. Een beschermde omgeving, waar toen alleen ouders met kinderen mochten wonen. Dat was heel leuk. Ik speelde veel bij de buren en in de tuin van het hofje.

Daarna ben ik verhuisd naar Tuindorp, ook in Utrecht, naar een groter huis. Ik heb op de Vrije School Utrecht gezeten, dat heeft mij veel goed gedaan. Ik ben een typisch vrijeschoolkind. Ik heb zelfdiscipline en ben creatief. Zo heb ik me maximaal kunnen ontplooien.

Het was minder leuk dat mijn ouders tussen mijn elfde en dertiende jaar zijn gescheiden. Ik werd voor mijn gevoel heen en weer geslingerd en het was een hoop gedoe. Mijn ouders konden nog té goed met elkaar overweg, zeg maar. Gelukkig, maar onhandig voor mij. Ik heb twee jaar bij de een gewoond en twee jaar bij de ander, en ik ben twee jaar lang echt elke dag heen en weer gegaan. Toen ik negentien was, ben ik uit huis gegaan.

Toen was je ook klaar met school?

Ja, ik ben op mijn negentiende van de middelbare school gegaan, dat duurde toen nog een jaar langer.

Wist je meteen wat je wilde gaan doen?

Ik had eigenlijk niet geweten wat ik anders had kunnen doen! Ik kom uit een muzikaal nest. Mijn vader was koordirigent. Ik had sinds mijn veertiende zangles en dat vond ik hartstikke leuk. Het zat er dus in dat ik ook iets met muziek zou doen. Anders had ik waarschijnlijk voor mode of styling gekozen. Maar muziek was mijn eerste keuze. Mijn vader en mijn oma zagen mij het liefst klassiek studeren. Maar ik had geen zin in dat wereldje, en popmuziek was ook niets voor mij. Toen heb ik voor jazz gekozen, de middenweg.

Maar wel op het conservatorium. Was dat in Amsterdam?

Ja, ik heb in Amsterdam gestudeerd. Ik werd bij drie conservatoria aangenomen en heb voor Amsterdam gekozen.

Kun je iets vertellen over je talenten?

Ik ben een weegschaal en, zoals mijn sterrenbeeld zegt, een harmonieus persoon. Ik houd ervan als iedereen elkaar lief vindt. Ik haat conflicten. Dus ik denk dat een van mijn talenten is om mensen samen te brengen. Ik zou best een goede mediator voor bedrijven kunnen zijn.

En daarnaast natuurlijk de muziek: zang. Als zangeres ben je de organisator van een band, in ieder geval van nieuwe projecten en initiatieven. Je moet je eigen werk creëren.

Mijn talent is niet om de kar te trekken voor een project, om beleid te maken. Maar ik ben goed in het uitvoeren van dingen. Als iemand zegt: 'Dat gaan we doen', dan kan ik een goed plan bedenken, het uitvoeren en daar strak op zitten.

Dat is prima toch, je hoeft niet alles te doen. Misschien vind je daar op een gegeven moment anderen voor?

Ja, dat hoop ik maar, want het is wel lastig merk ik, in mijn vak in ieder geval.

Ik denk dat jij wel goed bent in multitasking? Je hebt je zangcarrière, en een baan en een vriend...

En mijn tangolessen en dan nog mijn andere werk, waar ik zo heen ga. Ja, op een bepaalde manier kan ik veel tegelijkertijd, maar aan de andere kant absoluut niet. Ik kan niet de afwas doen en tegelijk naar iemand luisteren, dan stop ik met afwassen. Haha, ik ben net een man.

Vertel eens over je belangrijkste overwinningen tot nu toe.

De eerste heeft met mijn relatie te maken. Ik heb vijfenhalf jaar getwijfeld of dit nou wel de juiste man voor mij was. Op allerlei manieren heb ik hem het leven zuur gemaakt. En hij mij. Maar ik was altijd degene die twijfelde. Ik ben er uiteindelijk achter gekomen dat je niet het gevoel kunt hebben van: dit is de ideale vent, de man van mijn leven, de prins op het witte paard. Je moet gewoon blij zijn met wat je hebt en dat het op dat moment fijn is. En je moet er keihard aan werken om het over tien jaar nog fijn te hebben.

Dat is waar. Ik heb een huwelijk – met samenwonen erbij – van bijna vijfendertig jaar, en ik heb precies hetzelfde moeten uitvinden. Ik heb er best lang over gedaan. Na drie jaar dacht ik: dit is hem wel min of meer (met alle ups en downs), maar daarna heb ik nog heel wat ups en downs gehad. Mijn conclusie is dat je vooral moet genieten van de goede momenten. Maar er zijn ook minder goede momenten, helaas. Het is niet alleen een sprookje.

Nee, maar het duurde lang om dat ideaalbeeld van me af te zetten en te denken: dit is hem gewoon. Of in ieder geval: dit is hem nu.

Ja, zo is het nu, je gaat gewoon stap voor stap verder.
Ik twijfelde zo, omdat ik mijn moeder twee keer heb zien scheiden. Dat is de realiteit die op je afkomt.

Maar het is natuurlijk haar verhaal en niet het jouwe.
Ja, maar dat is lastig te beseffen, omdat je je als dochter zo identificeert met je moeder. Wij hebben een sterke band, dus het is soms moeilijk om die los te koppelen. Je bent bang dat je dezelfde fouten maakt als je moeder.

Maar vaak zie je het tegenovergestelde gebeuren. Je kunt het als leerschool zien: zo wil ik het niet, voor mij werkt iets anders. Dat is een onderdeel van volwassen worden. Ik heb er ook lang over gedaan om de bagage van mijn ouders terug te geven, hoeveel ik ook van ze houd. Dit is van jullie en niet van mij. Ik ben een ander iemand. Het is een lange weg om dit voor jezelf uit te vinden.
Ja, je bent wel een ander iemand, maar toch. Je moeder, in ieder geval bij mij, staat zo dichtbij dat je allerlei dingen van haar overneemt waar je geen weet van hebt, en daar kom ik dan nu achter.

Ja, dat is waar, dat noemen ze in psychologische termen het 'Individuatieproces'. Rond je zevenentwintigste, achtentwintigste jaar begint dat. De eerste keer dat je je realiseert: ik word nu echt volwassen, ik ben geen kind meer. Wat is een weg die nu bij mij past? Die vraag blijft telkens opnieuw terugkomen, heb ik gemerkt. Het is misschien wel een levensweg. Iets anders: je ziet er heel mooi uit.
O ja, nog een talent: kleding. Dat is voor mijn werk natuurlijk. Ik werk in een Japanse designwinkel. Ik houd van uiterlijk en styling, en daar ben ik ook best goed in.

Dan zou je misschien een combinatie kunnen doen tussen mode, muziek en zang. Je hebt er oog voor en je vindt het leuk, dat straal je uit.

Hoe heb je jezelf ontwikkeld? Zie je wezenlijke verschillen in hoe je jouw talenten nu gebruikt in vergelijking met toen je zestien, zeventien was?

Als puber was ik nog erg onbevangen en alles was 180 graden breed; nu meer 90 of 80 graden. Voor mijn eindexamen op de Vrije School Utrecht moest ik een werkstuk schrijven over een thema dat ik zelf mocht kiezen. Ik heb het over de kunst van het verleiden gedaan. Heel breed: een stukje over reclame, over geisha's, over kleding... Ik bestreek alle uithoeken. Zelf heb ik ook allerlei verschillende expressies gedaan, en dat heb ik nu teruggebracht. Nu doe ik hoofdzakelijk zang en mijn bijbaantje in de mode. Maar vooral muziek. Dus wat dat betreft: *I never let myself down.*

Je hebt je grenzen ontdekt en je bent meer gefocust?

Inderdaad, wat niet wil zeggen dat ik andere dingen niet graag zou willen doen. Maar ik wist wel dat ik nooit een echte professionele danser zou worden bijvoorbeeld. En ik heb het idee dat ik nog maar op het topje van de ijsberg zit. Ik heb het idee dat ik de muziek met nog meer dingen zou kunnen combineren die ik goed kan.

Welke hobbels ben je nog tegengekomen in het ontdekken en ontwikkelen van je leven, en hoe heb je die overwonnen?

De mening van anderen, dat is een grote hobbel. Bijvoorbeeld mijn conservatoriumstudie. Die heeft mij onzeker gemaakt. Ik kwam daar onbevangen binnen en in het eerste jaar was mijn tussentijdse beoordeling prima, en toen opeens zakte ik voor de propedeuse. Toen had ik een halfjaar om het beter te maken. *It put me down the drain*, dat heeft mijn zelfvertrouwen geknakt. Het commentaar was dat ik altijd hetzelfde klonk. Ik wist niet wat ik daarmee moest. Toch heb ik het verbeterd en ik heb mijn propedeuse een halfjaar later wel gehaald en ook mijn studie afgemaakt.

Het heeft anderhalf jaar geduurd – ik zat inmiddels in het derde jaar – totdat ik in mijn huidige zanggroepje kwam, buiten het conservatorium. Daarmee zong ik op huwelijken. Daar kreeg ik wel positieve feedback: 'Wat heb je een mooie stem, wat kun je leuk zingen.' Toen dacht ik: ik kan misschien toch wel wat. Dat heeft mijn zelfvertrouwen opgekrikt. Maar in mijn vierde jaar hoorde ik bij het techniekexamen: 'Je klinkt nog steeds hetzelfde.' En dat was echt een klap in mijn gezicht. Zij zouden toch moeten horen wat er mis was, ik wist het niet.

Pas anderhalf jaar na mijn studie ben ik erachter gekomen wat er eigenlijk aan de hand was. Een bepaalde stemfunctie die voor andere mensen natuurlijk is, bestond niet in mijn stem.

Dat was een fysiek iets?
Ja, letterlijk.

En kon je daar iets aan doen?
Ja, door middel van een *complete vocal technique*, een bepaalde zangtechniek. Die ben ik gaan ontwikkelen, en nu krijg ik het eindelijk een beetje onder controle. Ik heb het gevoel dat ik zestig procent van mijn stem erbij heb gekregen.

Dit is dus een voorbeeld van hoe de mening van anderen mij sterk heeft beïnvloed.

Ja, maar je hebt er wat mee gedaan. Je bent gaan onderzoeken wat er aan de hand was en je hebt er hard aan gewerkt.
Eigenlijk is het toevallig gebeurd, want de bandleidster van het zanggroepje waar ik bij zit – 'Puur Zang' heet dat trouwens – had contact met de techniekdocente bij wie ik uiteindelijk terecht ben gekomen. Zij wilde de sound van ons groepje meer naar de popsound toe trekken en wij gingen bij haar op groepsles. Zo kwam ik erachter dat ik iets miste wat heel prominent aanwezig is in die techniek.

Hoe heeft zij dat bij jou kunnen ontwikkelen?
In haar zangtechniek lag de focus op iets anders dan bij de zangtechniek op het conservatorium. Ik ben er zo blij mee, want toen pas kon ik het terugzien zoals ik het nu zie, en begreep ik wat ze bedoelden bij het conservatorium.

Heb je nu geleerd hoe je beter of anders met de mening van anderen kunt omgaan?
Eigenlijk ben ik er nog niet zo goed tegen bestand, moet ik eerlijk zeggen. Ik ben heel snel beïnvloed door andermans mening, helaas.

Dat kan. Dat komt nog wel. Je bent jong en je hebt nog veel te leren. Wat ik mooi vind aan jouw verhaal, is wat je net vertelt: dat je op het conservatorium niet de zangtechniek hebt geleerd die je nodig had. En al die leraren zijn er ook niet opgekomen… Pas toen je klaar was, heb je dat per toeval ontdekt. Dat geeft toch ook vertrouwen?
Ja, ik ben ervan overtuigd dat het leven uiteindelijk op zijn pootjes terechtkomt.

En wat zijn je dromen voor de toekomst? Wat zou je nog willen bereiken?
Ik ben niet zo'n toekomstdromer. Natuurlijk droomt elke zanger(es) ervan om een wereldhit te hebben en om de wereld rond te reizen. Ik weet niet of dat realistisch is in mijn geval. Ik ben nou eenmaal niet het type 'megahitmaker'. Ik hoop dat ik in de komende tien jaar een aantal theatertours ga doen met mijn eigen muziek. Ik ben momenteel met een project bezig om fado en tango te combineren en ik hoop dat er dan hier of in Engeland een theatertour van komt. En vervolgens wil ik kijken hoe dat uitbouwt en in welke kringen het wordt geaccepteerd.

Natuurlijk, waarom niet? Je moet ervoor gaan. Als je denkt aan een boodschap die je aan andere vrouwen zou willen geven.

Iets wat je geleerd hebt tot nu toe. Wat zou die boodschap dan zijn?

Luister naar jezelf, want je weet het altijd zelf het beste.

Wat is het geheim dat je met andere jonge vrouwen zou willen delen? Eén geheim van jou is: luister naar jezelf. Heb je er nog meer?

Kies je eigen ding. Word niet advocaat omdat je vader het ook is.

Dat is heel belangrijk. Je hebt je eigen formule, en het geheim weet je. En nu is het alleen een kwestie van je formule volgen, dan zal die alleen maar sterker worden. Als je een eigen levenssprookje zou verzinnen, hoe zou dat er dan uitzien?

Ik ga dit jaar trouwen. Ik ben vorig jaar ten huwelijk gevraagd. Ik ga in ieder geval één keer trouwen hier in Nederland en misschien volgend jaar in Israël. Dat moeten we maar zien. En dus: Raphaela trouwt happy ever after met Avi. Einde sprookje. Nee, hoor.

En Raphaela woont happy in het buitenland, krijgt twee of drie kinderen, en houdt er ook nog een vette carrière op na, muziek gecombineerd met iets anders. Uitvoerende muziek aan de ene kant en project x of y, of studiowerk of wat dan ook. En aan de andere kant iets van coachen. Het lijkt mij erg saai om mijn verdere leven playen zangles te geven.

Dus mensen coachen met zang en misschien met andere dingen?

Ik weet nog niet hoe. Niet zozeer mensen met psychische problemen, dat is weer te zwaar.

Meer gebaseerd op het dagelijks leven?

Misschien bedrijfstrainingen of zo. Ik fantaseer...

Ja, waarom niet?

Avi, mijn vriend, is gitarist, maar daarnaast wil hij dingen met de beurs gaan doen en een internetsite opzetten. Dus in mijn sprookje wordt hij daar dan ook heel goed in. Dan hebben we in ieder geval een prachtig huis.

Het sprookje heeft een open eind. Ik weet echt nog niet waar op de wereld het leven zal eindigen.

Het is een mooi sprookje. Ik wens dat je sprookje waar wordt, maar dat gaat vast lukken.

Zomer

Door de dingen te doen waar je bang
voor bent, ontwikkel je moed en kracht
Telkens als je een droom hebt bereikt, ligt
de volgende al op je te wachten
Elke vrouw is de koningin van haar
eigen leven
Vergeet jezelf niet!

Patricia Blok

Mijn Verhaal

'Ik was een geheime schat en besloot mijzelf
kenbaar te maken in jou.'
– Ibn Arabi (1165-1240), soefidichter

Het leven is een groot mysterie. Naarmate we ouder worden, ontdekken we dat we op de goede weg zijn als we verbonden blijven met onszelf en het goddelijke, zoals ieder dat voor zichzelf ervaart. Het is op het moment in ons leven wanneer we ons niet verbonden voelen, ver van onszelf zijn en de weg die bij ons past, dat de moeilijkheden beginnen. De grootste levenskunst is dan om in verbinding te zijn met onszelf.

Er zijn gebeurtenissen in het leven die ons overkomen, die we niet zo hadden gewild, die we niet hebben uitgenodigd. Het leven bestaat uit voortdurende verrassingen, goede en slechte. Dan is het de kunst om flexibel te blijven. Onze houding aan te passen en een manier te vinden om met de uitdaging die zich voordoet, om te leren gaan.

Alle vrouwen die ik voor mijn boek heb geïnterviewd, hadden een gemeenschappelijke eigenschap: ze wisten, ieder op haar eigen manier, steeds een nieuwe weg of houding te vinden om beter met de uitdagingen in hun leven om te gaan.

In de zomer van ons leven groeien en bloeien we. We hebben al geleerd om beter met teleurstellingen en bepaalde omstandigheden om te gaan en we zullen altijd blijven leren. We zijn gelukkig nooit uitgeleerd.

In de zomer van ons hart beginnen we de dromen die we in onze jeugd hadden, vorm te geven. We gebruiken onze talenten en zijn op weg om onze dromen waar te maken. Waar de jeugd met vallen en opstaan het begin van de reis naar het bereiken van onze dromen is, is de zomer een andere periode. Een periode waarin we veel van onze dromen kunnen realiseren. In de zomer zijn we in de kracht van ons leven. Onze gezondheid en energie zijn meestal optimaal.

Op mijn achtentwintigste trouwde ik met Henk. We woonden al drie jaar samen, en ik wilde trouwen. Hij zei dat hij niet in het huwelijk geloofde. Zijn ouders waren gescheiden, maar hij wilde er wel over nadenken. Het duurde een tijd tot hij op een dag thuiskwam en zei dat hij het ook wilde. Hij had er goed over nagedacht, dit was een serieuze beslissing. En achteraf bleek dat ook zo te zijn. Het was een gelukkige periode. We waren veel samen. We studeerden en werkten, en hadden ook veel vrije tijd. Henk wilde vrij snel kinderen, maar ik was er nog niet aan toe. Ik wist wel dat ik een kind wilde, maar wanneer, dat was voor mij een grote vraag.

Op een retraite in een boeddhistisch klooster in de Himalaya in Nepal kwam voor mij een grote doorbraak. Door die retraite en de ontmoeting met een bijzondere lama, Lama Yeshe, kreeg ik nieuwe inzichten en ervoer verlichting. Ik was ernaar toegegaan om uit te vinden of ik het moederschap aan zou kunnen in combinatie met de dromen die ik had om te schrijven en carrière te maken. Mijn moeder zei altijd dat ze hoofdpijn had als ik bij haar in de buurt kwam. Ik had als kind vaak migraine gehad en dat wilde ik nooit meer.

Het verblijf in het klooster werkte als balsem op mijn ziel. Het was daar prachtig! 's Morgens stond ik op van het matje op de grond waar ik naast vele anderen sliep, en ging naar buiten. Daar stond ik omringd door de wolken op de berg, waarop het klooster leek te zweven. Ik voelde mij als in een droom.

De dag voordat ik uit het klooster vertrok, vroeg ik of ik Lama Yeshe persoonlijk mocht ontmoeten om zijn zegen te vragen voor mijn verdere weg. Heel vroeg, terwijl de zon opkwam, klom ik via een trap naar het platte dak van het klooster, waar de lama net van zijn ontbijt zat te genieten. Op het moment dat ik hem zag, was het alsof alles licht werd. Alsof ik in het licht stond. Hij verwelkomde mij met open armen. Hij was een ware lachende boeddha. Ik vertelde hem dat ik veel angsten had en bang was dat ik het moederschap en een carrière niet goed zou kunnen combineren. Ik was vooral bang voor de angsten die ik had gehad. Hij begon te lachen. Zijn schuddende buik en zijn gezicht dat straalde als de zon, deden op dat moment al mijn angsten verdwijnen. Hij zei: 'Don't worry, don't worry, curtain is shaking, curtain is shaking.'

Hij bedoelde daarmee dat je angsten als een gordijn zijn waarachter de werkelijkheid verborgen ligt. Ik heb er jaren over gedaan om dit echt te begrijpen. Onze angsten bedekken de waarheid. Het medicijn voor angst is vertrouwen. Mijn ontmoeting met Lama Yeshe en het verblijf in Kopan hadden mij weer het vertrouwen geschonken dat ik nodig had. Met nieuwe moed en kracht in mijn hart, zei ik de lama gedag en ging op weg. Terug naar Amsterdam.

Negen maanden na het bezoek aan Lama Yeshe en het klooster in Nepal werd ik zwanger.

Zwanger zijn was heerlijk! Ik had nooit gedacht dat ik zo gelukkig kon zijn. Tijdens mijn zwangerschap woonden Henk en ik in een huisje buiten, dicht bij de zee. Henk was vaak op reis. Naast ons woonden onze vrienden. Ik stond elke ochtend vroeg op en deed yoga en meditatieoefeningen. Daarna schreef ik aan een scriptie voor mijn doctoraal examen aan de universiteit. Het dagboek dat ik toen bijhield, was ook de inspiratie voor mijn eerste boek: Yoga en zwangerschap.

Toen ik acht maanden zwanger was, studeerde ik af. Wat was ik blij! Ik had lang over mijn studie gedaan, maar nu was het eindelijk klaar. Ik had een mijlpaal bereikt. Ik had ook het vertrouwen gekregen dat ik stap voor stap een belangrijke droom waar kon maken. Zo had ik geleerd door te zetten en aandachtig te zijn. Ik wist nu dat ik mij een tijd rustig aan het moederschap kon wijden.

Kabir, mijn zoon, en het moederschap waren beide heerlijk. Als ik terugkijk, denk ik dat mijn zwangerschap en de eerste jaren van Kabirs leven tot de gelukkigste tijden van mijn leven behoren.

Toen Kabir acht maanden was, kreeg ik een baan voor tweeënhalve dag in de week. Het moederschap in combinatie met een parttime baan bleek ideaal te zijn. Vooral de afwisseling, waardoor verschillende eigenschappen en talenten in mij konden groeien en tot ontplooiing komen. En als het werk niet meezat, kon ik altijd denken: heerlijk, morgen ben ik weer thuis. En andersom natuurlijk ook.

Een van de dingen die ik toen leerde, was dat je meester wordt over je angsten door de confrontatie met je angsten aan te gaan. Door de dingen te doen waar je bang voor bent, ontwikkel je moed en kracht. Daardoor groeit je zelfvertrouwen.

Alles begint met een droom: een mooie carrière, het moederschap, of beide. Maar je moet zelf telkens weer een stap maken in de richting van je droom om je dromen waar te maken. Dat is niet gemakkelijk. Onderweg zijn er veel angsten en tegenslagen, en telkens opnieuw moet je weer een stap zetten. En die stap leidt tot de volgende stap.

De zomer van het leven gaat voor een groot deel over je doel bereiken. Telkens opnieuw als je een droom hebt bereikt, ligt de volgende al op je te wachten.

Het duurde ongeveer vier jaar voordat mijn eerste boek klaar was. De passie om mijn ervaringen met anderen te delen, was de *inspiratie die mij steeds verder dreef. Toen het boek klaar was, stuurde ik het manuscript naar een uitgever. Deze bleek het niet zelf te willen uitgeven, maar wist iemand die dat waarschijnlijk wel zou willen. Die tweede uitgever werd mijn eerste uitgever.*

Voor de foto's van het boek ben ik samen met mijn zusjes en Kabir, die toen net drie was, naar India gegaan. Het was een groot avontuur. Ik wilde altijd al naar India en nu viel alles samen. Mijn zus Monica was heel mooi zwanger van haar dochter Milenna, en mijn zus Diana is fotograaf.

Eenmaal in Bombay aangekomen, namen we de boot naar Goa. We sliepen op het dek, op de grond. De hele nacht klonken de stemmen van de families om ons heen. Af en toe werden we gewekt door het rinkelen van kopjes. Het was het geluid van de theeverkopers op het dek, die tussen de slapende mensen in wandelden en hun thee verkochten. 'Chai, chai!' Thee, thee!

's Morgens, terwijl de zon opkwam, verscheen langzaam in de verte de haven van Goa. Dat gevoel van vrijheid terwijl de zachte, warme ochtendbries mijn haar en mijn gezicht streelde, zal ik nooit vergeten. In Goa hadden we een huisje aan zee gehuurd. Daar op het strand maakten we de foto's voor mijn eerste boek.

Dit boek was het begin van mijn carrière als schrijfster. Ik combineerde het schrijven met het geven van yogalessen en meditatieworkshops. Later begon ik steeds meer de technieken en ideeën waar ik zelf iets aan had, aan andere vrouwen door te geven. Zo ontwikkelde ik allerlei cursussen voor vrouwen: Opkomen voor jezelf, Ontwikkel je talenten *en:* Realiseer je dromen. *Ik ontwierp ook een workshop:* Creatief omgaan met stress, *waarin de deelnemers op zoek gaan naar een goede balans tussen inspanning en ontspanning.*

Voor het bereiken van onze dromen hebben we een goede balans nodig. Het is een kwetsbaar evenwicht tussen doorzetten, geduld en vertrouwen. Je zou kunnen zeggen dat we zowel het mannelijke als het vrouwelijke in onszelf in balans moeten houden.

Bij het vrouwelijke horen geduld en wachten. Onze droom koesteren en vasthouden, en die de tijd geven om te rijpen. Ook bidden en mediteren horen bij het vrouwelijke aspect van onze natuur. Net zoals de baby in onze buik, zo is het ook met onze dromen. We moeten ze koesteren en voeden totdat ze klaar zijn om de wereld in te gaan, om geboren te worden.

Bij het mannelijke aspect van onszelf horen onafhankelijkheid, en de moed om de stappen op de weg te durven zetten.

Het duurde tien jaar voordat mijn droom van een eigen televisieprogramma over yoga eindelijk werkelijkheid werd. Yoga en meditatie hadden mij erg geholpen in mijn leven. Dat wilde ik met anderen delen, zodat zij er ook wat aan zouden kunnen hebben. Het is een lang proces geweest. Achteraf was het goed dat het zo lang heeft geduurd. Steeds kon ik er verder aan werken en het concept verbeteren. Het werd eerst een dvd en daarna een televisieprogramma.

Ik verzamelde tijdens dit proces ook mijn levenslessen en schreef die op. Deze lessen voegde ik bij het concept. Via een vriend ontmoette ik Harry de Winter, een producer. Hij was de eerste die bereid was naar mijn idee te kijken, en hij maakte een pilotfilm.

Ik ben hem nog altijd dankbaar. Om je droom waar te maken, heb je behalve jezelf, minstens één persoon nodig die in je droom gelooft. Ik had er twee. De eerste was Henk, mijn man. Hij was er vanaf het moment dat het idee bij mij werd geboren. Hij moedigde mij altijd aan en maakte het nooit belachelijk. Dat was voor mij van levensbelang. Als je aan een groot project begint, ben je kwetsbaar.

Nadat de pilotfilm klaar was, begon een lange zoektocht naar een producer die van het idee een televisieprogramma wilde maken. Steeds raapte ik mijn moed en enthousiasme bij elkaar en telkens opnieuw werd het project afgewezen. Als ik weer werd afgewezen, zonk de moed mij in de schoenen. Het duurde vaak *een hele tijd voordat ik weer de moed had om een volgende stap te zetten. Soms werd ik er depressief van. Ik twijfelde en durfde niet verder. Deze periodes konden maanden duren. En dan opeens had ik weer hoop in mijn hart.*

Eindelijk, toen ik de hoop bijna had opgegeven, kwam de juiste producer op mijn weg.

Zijn bedrijf heette Desire Productions. Toen ik die naam hoorde, dacht ik: ja, dit is het!

Alles viel samen. De jaren van werk, hoop en doorzettingsvermogen werden beloond. Yoga voor jou, *mijn programma over yoga en meditatie in het dagelijks leven, kwam op de televisie. Ik kreeg acht keer primetime televisie op de zondagavond bij de AVRO!* Yoga voor jou *werd een prachtig programma. Ik had het bedacht en geschreven, en ik speelde er zelf in. Geweldig! Een onewomanshow!*

Het programma was een groot succes. Jammer dat het geen vervolg heeft gekregen. Ik heb het wel geprobeerd, maar het is me niet gelukt. Ik had zelf een sponsor gevonden die het vervolg wilde financieren, maar de commerciële zender vroeg te veel geld. Er bleken andere belangen te zijn, en ik heb het idee voor een vervolg op televisie uiteindelijk moeten loslaten, hoe moeilijk ik het ook vond.

Een van de mooiste ervaringen die ik mij herinner uit die tijd, was dat ik een brief kreeg van een vrouw. Ze schreef dat ze in een lange depressie had gezeten en van plan was geweest een einde aan haar leven te maken. Op een avond zette ze de televisie aan en zapte toevallig naar mijn programma. Vanaf dat moment kreeg ze weer moed. Elke zondag volgde ze Yoga voor jou, *en door naar mij te kijken en naar mijn woorden te luisteren, besloot ze dat het leven toch de moeite waard was om geleefd te worden. Deze brief was voor mij een grote beloning voor alles waar ik doorheen was gegaan tijdens mijn tocht om mijn droom* Yoga voor jou *op televisie waar te maken.*

Na Yoga voor jou voelde ik mij voldaan, maar ook moe. Ik moest er echt van bijkomen. Henk en Kabir waren er ook, en in de tijd van het televisieprogramma had ik voor hen minder tijd gehad. Ik moest steeds een balans vinden tussen mijn werk en mijn gezin en mijzelf. Dit leidde vaak tot veel stress. Steeds als ik de balans kwijt was, moest ik op zoek naar herstel en nieuwe harmonie. Ik merkte het meestal in mijn lichaam. De stresssignalen waren daar het meest voelbaar. Het leren luisteren naar je lichaam als je heel druk bent, is niet gemakkelijk. Vooral als je jong bent, wil je alles tegelijk en het moet ook meteen. Het goede evenwicht tussen inspanning en ontspanning is belangrijk. En meestal merk je pas dat het niet goed gaat als je uit balans bent.

Geduld en ontspanning zijn goede metgezellen op de reis naar je doel. Goed voor jezelf zorgen en jezelf voeden met wat je goed doet. Zowel geestelijk als lichamelijk. In wezen is de les steeds opnieuw: vergeet jezelf niet!

Naast je relaties, je werk en eventueel je kinderen, ben jij er zelf ook nog. Je bent als de appelboom. Wanneer je deze goed verzorgt en genoeg water, zon en lucht geeft, zal hij veel vruchten dragen, en kunnen velen ervan genieten. En als je jezelf vergeet, wat we allemaal regelmatig doen, ga dan gewoon terug... naar jezelf. Neem weer de tijd voor jezelf. Ga terug naar wat nu belangrijk is voor jou en wees weer trouw aan jezelf. Als je de weg kwijt bent, kijk dan waar je nu staat en kijk terug naar de weg die je hebt afgelegd. Besef dat het niet zó had hoeven te gaan, en bedenk hoe het anders zou kunnen gaan. Van daaruit ga je verder.

Welke eigenschappen heb je nodig in de zomer van je leven?

Soms zijn het eigenschappen die in eerste instantie tegenstrijdig lijken, en dat vaak ook zijn. Kracht en kwetsbaarheid gaan meestal niet hand in hand. Toch zijn het beide eigenschappen die bij een vrouw horen. In de zomer van ons leven zijn wij in de kracht van ons leven.

Lichamelijk en geestelijk gezien is dit een echte bloeiperiode. Wij hebben al een aantal van onze dromen gerealiseerd en zijn op weg nieuwe talenten en mogelijkheden in onszelf te ontdekken en te gebruiken.

Maar juist wanneer wij denken de hele wereld aan te kunnen, moeten wij onszelf niet vergeten. Het is een kwetsbare balans tussen voeden en gevoed worden. Aan de ene kant werken wij aan het realiseren van onze dromen en idealen, werk en carrière, en aan de andere kant komen we onze grenzen tegen. Wij zijn niet perfect; dat is iets waar wij steeds aan worden herinnerd in het dagelijks leven. Toch zijn wij in principe op de goede weg als we onszelf genoeg blijven voeden door een gezond dieet en een goed slaappatroon, en genoeg beweging. Ook het onderhouden van vriendschappen is belangrijk. Hoe goed je relatie ook is, je kunt niet alles van je partner verwachten.

Elke vrouw is de koningin van haar eigen leven. Alles wat onder jouw verantwoordelijkheid valt, is jouw gebied. Als je macht wilt hebben over je leven, dan hangt er veel van jou af en de beslissingen die jij neemt.

Je kunt je leven beschouwen als een reis waarin jij de hoofdrolspeler bent. Jij bepaalt steeds weer opnieuw de weg die je gaat. Natuurlijk zijn er veel onverwachte wendingen en obstakels op de reis. Hoe ga jij daarmee om? Dit bepaalt steeds het vervolg van je reis. In principe heeft ieder van ons steeds opnieuw de keuze om er een fantastische reis van te maken.

De reis van ons leven leidt tot heelwording. Dit betekent dat wij steeds meer zowel onze vrouwelijke eigenschappen alsook de mannelijke aspecten in onszelf ontwikkelen. Initiatief nemen is een mannelijke eigenschap, maar ook iedere vrouw heeft dit nodig.

Wij moeten durven! Meer de eerste stap durven te nemen. Durven om voor jezelf op te komen. Hoe meer je jezelf laat zien, hoe meer anderen jou kunnen leren kennen en opmerken. Durf ook de eerste te zijn, waarom niet?! Je kunt het op een manier doen die bij jou past.

Portretten van de zomer: bloei en vrouwelijk leiderschap

In de zomerportretten van de vrouwen die je op de volgende pagina's gaat ontmoeten, zul je echte vrouwelijke leiders leren kennen. Iedere vrouw is als een koningin van het gebied dat onder haar verantwoordelijkheid valt.

Patrizia is een jonge moeder van twee dochters en heeft een baan als redactrice bij Sanoma uitgevers. Sinds haar scheiding werkt ze nog maar vier dagen in de week om veel tijd samen met haar kinderen te kunnen doorbrengen.

Anastassia is Russisch en werkt als IT-specialist bij het hoofdkantoor van de Rabobank. Naast haar drukke baan is ze ook moeder en echtgenote. Onlangs besloot ook zij om vier dagen in plaats van vijf dagen in de week te gaan werken, om meer tijd voor haar gezin vrij te maken.

Sultan is Turks-Nederlands en heeft naast haar gezin met man en twee kleine kinderen, een baan als accountmanager bij de Rabobank in Amsterdam.

Suzy, choreografe, geeft leiding aan groepen dansers. Ze weet telkens opnieuw de dansers te overtuigen dat ze een belangrijk en uniek deel zijn van een groter geheel: een dansproductie of een dansfilm. Suzy heeft een partner met een drukke baan, en een zoontje van acht.

Sonia is filmmaker en moeder van twee prachtige zonen. Als alleenstaande moeder weet ze het maken van films en het creëren van een warm thuis voor zichzelf en haar zonen te combineren. Als regisseuse moet je steeds de regie, het heft in handen durven nemen. Het nemen van grote risico's en steeds opnieuw andere wegen zoeken en vinden, horen bij film maken. En thuis je rust terugvinden en je kinderen opvoeden, het blijft zoeken naar een goede balans.

Alle vrouwen die ik heb gekozen voor de portretten van de zomer, hebben in zichzelf een goede balans tussen hun vrouwelijke en mannelijke eigenschappen. De vrouwelijke eigenschappen, *zoals inspiratie, kwetsbaarheid, verzorging, introspectie, zelfreflectie en het onderhouden van relaties, combineren zij op een unieke manier met mannelijke eigenschappen. Bij de mannelijke eigenschappen horen onder andere: daadkracht, initiatief nemen, risico's durven nemen en onafhankelijkheid.*

De maan is een symbool voor onze vrouwelijke kant. Ze reflecteert het licht van de zon. En de zon? De zon schijnt! Hij straalt zijn warmte en energie uit. De zon heeft genoeg aan zichzelf. Hij schijnt overal en op iedereen.

Patrizia Melis

> 'Blijf trouw aan jezelf en heb de moed
> om daarvoor te blijven staan!'
> – *Patrizia Melis, 28 augustus 1971, Amsterdam*

Patrizia kwam naast mij wonen. Wij wonen op een vrij stille, doodlopende weg aan de Amstel in Amsterdam. Toen wij hier voor het eerst kwamen, vond ik het erg stil.

Ik was gewend om in de stad te wonen vlak bij de Albert Cuyp-markt. Als jonge moeder wandelde ik vaak op de markt met mijn zoontje. De weekeinden gingen wij het bos in om te wandelen in de natuur. Hier aan de Amstel woonden wij midden in de natuur.

Wij leerden onze buren aan de rechterkant kennen, een vader en een zoon. Lars, de zoon was net te oud om met Kabir te spelen. Wij werden goede buren, maar hielden ook gepaste afstand, net zoals ikzelf van mijn moeder had geleerd. Toen kwam Patrizia, een mooie, jonge en spontane vrouw. Later bleek dat ze een Italiaanse vader had. Zijn zuidelijke bloed weerspiegelde zich in haar spontane karakter en warme, levendige persoonlijkheid.

Lars en Patrizia kregen twee dochters. Bij de geboorte van de eerste, Annika, mocht ik aanwezig zijn. Ik voelde mij zeer vereerd. Een geboorte bijwonen is voor mijn gevoel bijna iets heiligs. Ik heb dan ook een speciale band met Annika en voel mij een beetje verantwoordelijk voor haar, dat het haar goed zal gaan. Als de goede fee in de sprookjes wens ik haar al het goede toe.

De vriendschap tussen Patrizia en mij groeide toen ze het moeilijk kreeg in haar relatie met Lars. Ik zag liever niet dat ze uit elkaar gingen, maar uiteindelijk besloot Patrizia een ander huis te zoeken. Ik zie nu dat het uit elkaar vallen van een jong gezin soms onvermijdelijk is.

Hoe moeilijk ook, ik kan getuigen dat ze beiden goede ouders zijn en hun dochters samen kunnen opvoeden. Ze hebben allebei een manier gevonden om een nieuw leven te beginnen, ieder op eigen kracht. Samen dragen zij de verantwoordelijkheid voor hun dochters.

Wat ik bewonder in Patrizia, is haar moed. Ondanks het feit dat ze weinig werk had en geen andere huis, ging ze op zoek naar haar eigen geluk. Ze vond een leuk huisje niet te ver van Lars, zodat de school van hun dochters en hun leefomgeving zoveel mogelijk hetzelfde zou kunnen blijven. Ze vond ook een vaste baan in de media en journalistiek, waar ze haar talenten kan gebruiken. Patrizia heeft mij geholpen om de geluidsopnamen van de interviews in het boek op papier te zetten. Dat is vele uren werk geweest! Ik ben haar hier heel dankbaar voor.

Het mooiste vind ik de vriendschap die tussen ons is opgebloeid. Als ik mij niet zo lekker voel, ziet zij dat en vraagt: 'Gaat het goed?' Bij haar voel ik me veilig en kan ik vertellen wat er is. Door haar heb ik geleerd dat ik mij niet groter voor hoef te doen dan ik ben.

Patrizia, voor dit alles: dank.

Patricia Blok in gesprek met Patrizia Melis

Patrizia, het verhaal van onze ontmoeting is voor mij ontroerend. Jij was mijn buurvrouw en wij kenden elkaar nog niet zo goed. Toen je zwanger was van je eerste kindje, heb ik je oefeningen geleerd om de bevalling beter te laten verlopen. Ik zei: 'Als je wilt dat ik kom als je moet bevallen, dan ben ik er.' Maar ik had niet verwacht dat je mij daadwerkelijk zou bellen.

In de nacht voor je bevalling droomde ik dat je weeën had. De volgende ochtend belde ik en vertelde over mijn droom. Jij zei: 'Dat klopt, ik heb weeën.' 'Als je me nodig hebt, kom ik naar je toe,' zei ik. En aan het eind van de middag belde je. Ik was blij verrast, want het was een intiem moment bij jou thuis.

We hebben ademhalingsen ontspanningsoefeningen gedaan. Het ging allemaal niet zo gemakkelijk. De vroedvrouw kwam en er werd zelfs een ambulance gebeld, maar uiteindelijk is het toch gelukt, en zo is Annika geboren.

Ja, dat was een speciaal moment. Tijdens mijn zwangerschap had ik in eerste instantie een paar lessen zwangerschapsyoga gevolgd, maar dat lag mij totaal niet. Ik voelde me een buitenbeentje daar. Ik was met mijn gedachten ergens anders.

Yoga lag je ook eigenlijk niet.

Nee, ik kan mij niet echt ontspannen met mensen die ik niet goed ken. Ik dacht alleen maar aan andere dingen tijdens de les.

Daarom was ik zo blij dat jij mij aanbood privélessen te geven. Dat heeft mij erg geholpen. De ademhalingsoefeningen die jij me hebt geleerd, heb ik toegepast tijdens de bevalling. En nu nog tijdens stressmomenten pas ik ze toe, dat maakt me rustiger. Denken aan mijn ademhaling, een moment voor mijzelf, helpt. Het was dus niet alleen voor mijn bevalling goed.

Vandaag, de dag van ons interview, is het Kerst, de dag dat Christus werd geboren. Het was door de geboorte van Annika dat ik je beter leerde kennen. Elke geboorte heeft iets heiligs.

Voor mij was het ook een bijzonder moment, omdat het mijn eerste kind was. Je weet niet wat je te wachten staat. Die massage van jou tijdens de weeën, was fijn, dat heeft geholpen. De bevalling van Annika is gemakkelijker verlopen dan die van Juna. Daar heeft jouw massage en de sfeer van thuis wel aan bijgedragen. Bij Juna beviel ik in het ziekenhuis en zeurde ik alleen maar om een ruggenprik, die ik niet kreeg. Heel raar eigenlijk: de bevalling van Annika was 'zwaarder' omdat ze niet wilde komen, maar die bevalling heb ik als prettiger en gemakkelijker ervaren.

Kun je iets vertellen over jezelf als kind? Hoe was je als kind, hoe was je omgeving?

Ik ben in Haarlem opgegroeid met beide ouders en een zus, in een flat. Ik was best verlegen vroeger en ik had veel fantasie. Ik leefde in een droomwereld. Ik was erg beïnvloedbaar voor dingen van buitenaf. Ik weet nog dat ik op mijn zesde het journaal zag. Daar ving ik iets op over schuilkelders en atoomwapens, daar werd ik zo angstig door, dat is mij altijd bijgebleven. Daardoor had ik denk ik een fantasiewereld voor mijzelf gecreëerd. Dus nu pas ik op met wat mijn kinderen op tv kijken.

Dat vind ik goed van jou, want kinderen kunnen zelf niet goed beoordelen wat hen beïnvloedt. Jij kon dat dus ook niet. Werd je dan getroost?

Ik hield het allemaal voor mezelf, kon dat met niemand delen. Misschien schaamde ik me dat ik het zo ervoer. Later heb ik het wel gezegd natuurlijk, maar toen niet.

Nu kan ik open zijn en zeg ik gemakkelijk als ik ergens mee zit, maar ik kan ook plotseling dichtklappen, vooral naar mijn moeder toe. Terwijl ik bij mijn moeder altijd terecht kan met alles. Er zijn momenten dat ik haar veel vertel, maar het volgende moment kan ik opeens afstand nemen en gesloten zijn naar haar toe. Maar dat weet ze zelf ook wel.

Dus ik was best angstig als meisje. Ik was, of ben, erg gevoelig. Ik pik ook snel gevoelens op van anderen, en daar ben ik mij steeds bewuster van. Ik reageer gewoon wat heftiger op bepaalde dingen. Maar ik heb een fijne jeugd gehad.

En was je moeder thuis?

Ja, mijn moeder was altijd thuis. Ze was huisvrouw. Toen er kinderen kwamen, is ze gestopt met werken. We kwamen dan tussen de middag thuis voor een broodje en een kopje thee. Dat was fijn. Er kwamen ook vaak vriendinnetjes bij mij thuis spelen, vooral mijn toenmalige hartsvriendin, die ik in de flat had ontmoet. We speelden bijna altijd bij mij thuis met poppen, met de barbies. Dat was een veilige omgeving. Mijn moeder vond het allemaal prima. Het was gezellig.

Heerlijk dat je je terug kon trekken in een veilige omgeving. Fijn dat die er was.

Vroeger fantaseerde ik veel, dat ik een actrice was bijvoorbeeld. Ik was ook met muziek bezig, en ik kon goed wegdromen. Ook op school. Er stond zelfs in mijn rapport dat ik veel aan het dagdromen was. Daar heb ik nu nog weleens last van, dan ben ik opeens ergens anders.

Toen ik acht jaar was, zei ik tegen twee jongens uit de klas dat mijn vader een Ferrari had. Toen ik de volgende dag thuiskwam, zei mijn moeder: 'Er stonden vandaag twee jongens voor de deur die de Ferrari van je vader kwamen bekijken.' Haha... erg hè? En we hadden gewoon een Fiat 128. Ik schepte niet op, ik was gewoon aan het grappen maken, beetje lol trappen. Dat was mijn manier.

En je vader, die kan lekker koken, hè?
Jazeker. Maar vroeger heb ik daar weinig van gemerkt, want hij werkte vijf dagen in de week als kok. Doordeweeks kwam hij altijd laat thuis, en dan kookte mijn moeder. Elke week verse spinazie, dat lust ik nu dus ook niet meer. Mijn vader werkte in een restaurant en als hij dan een keer vrij was, wilde hij spinazie eten. Maar als ik nu bij mijn ouders thuiskom, staat er altijd wat lekkers op tafel, meestal door mijn vader gemaakt.

Welke inbreng had je vader nog meer?
Mijn vader was best streng, Italiaanse cultuur... Al hoeft dat niet altijd wat te zeggen, natuurlijk.

Op mijn twaalfde zijn we naar Hoofddorp verhuisd en toen ben ik flink gaan puberen. Ik vond mijn school niet leuk en ging mij afzetten.

Mijn vader is op zijn achttiende naar Nederland gekomen en heeft tijdens het uitgaan mijn moeder ontmoet. Toentertijd waren de ouders van mijn moeder daar niet blij mee; een buitenlandse man, dat werd niet echt geaccepteerd. Toen ze zwanger werd, was het hek helemaal van de dam. Dat was een moeilijke periode voor haar.

Welk periode was dat?
Dat waren de jaren zestig van de vorige eeuw. De ouders van mijn vader zijn op jonge leeftijd overleden. Mijn vader was begin twintig toen hij zijn moeder verloor, zijn vader was al eerder overleden. Hij is naar Nederland gegaan, omdat zijn broers hier ook werk hadden gevonden. Hij heeft mijn moeder ontmoet en haar het hof gemaakt.

Dat verklaart wel een beetje waarom je vader er moeite mee had toen je in de puberteit kwam, hè?
Ja, het begon toen we met mijn ouders op vakantie waren in Italië. Wij waren twaalf, dertien jaar oud. Mijn zus en ik schelen

een kleine twee jaar. We hadden een camping gevonden, en op de eerste avond ging ik met mijn zus naar de rolschaatsbaan daar. Onderweg kwam mijn zus een jongen tegen die ze overdag al had gezien, en daar ging ze mee zoenen, vlak voor de rolschaatsbaan. Mijn vader en moeder wilden eens kijken bij de rolschaatsbaan en troffen mijn zus zoenend aan met die jongen. Ik zat nietsvermoedend bij de rolschaatsbaan, maar moest direct naar de camping terug. Mijn vader was woedend omdat hij mijn zus had 'betrapt'. Volgens mij heeft hij die jongen ook nog een schop gegeven. In ieder geval zijn we de volgende dag, na één nacht slapen op de camping, weer naar Nederland teruggegaan, zonder dat er iets over werd gezegd.

Zo, dat is wel rigoureus.
Ja, inderdaad. Mijn vader kon er duidelijk niet mee omgaan. En dat heeft zich in de loop der jaren meer geopenbaard, voornamelijk naar mij. Mijn zus berustte erin als zij iets niet mocht, niet weg mocht. Maar ik had daar de grootste moeite mee en ging mij afzetten. Ik kon er niet tegen, ik voelde me gevangen. Ik kan me dat gevoel nog herinneren, dan voelde ik mij benauwd en verstikt. Ik moest en zou weggaan, maar het mocht niet – dat frustreerde mij. Ook met vriendjes, dat kon gewoon niet. Als er een jongen voor mij belde, hoorde ik de volgende dag van hem dat mijn vader had gezegd: 'Wat moet je van mijn dochter?'

Dus voor mijn gevoel moest ik alles stiekem doen, maar helaas kwam hij overal achter. Als ik een keer van school had gespijbeld, vond hij een treinkaartje in mijn jas. Zo kwam hij erachter dat ik in Amsterdam zat in plaats van op school in Haarlem. Ik mocht ook geen make-up op in mijn middelbareschooltijd, dus dat deed ik stiekem op school. En als ik naar huis ging, maakte ik mijn gezicht weer schoon.

Mijn moeder zei weleens: je hebt het niet gemakkelijk gehad. Maar zelf snap ik het allemaal wel. Ik zit nooit ergens lang mee. En nu denk ik: het was zijn angst, die hem zo deed optreden.

Hij had het blijkbaar heel benauwd?
Ja, en hij merkte dat wij ons aan het loswrikken waren. Ik ging helemaal tegen hem in. Ook met uitgaan. De disco was open tot halféén in de nacht en wij werden dan altijd om twaalf uur opgehaald. Bijna nooit mochten we tot het einde blijven.

Dat was voor mij en mijn zussen precies hetzelfde, alleen was het bij ons mijn moeder die altijd alles controleerde. Als een feest net aan de gang was, stonden mijn ouders al met de auto voor de deur. Mijn moeder had geen rijbewijs, dus moest mijn vader mee. Dat was in Zuid-Amerika, maar blijkbaar was dat in Nederland ook zo.

Ik weet ook nog dat ik even voor sluitingstijd een broodje shoarma ging halen met de vriend van een vriendin. Op de terugweg zag ik mijn vader al naast de auto staan. Ik heb hem tegen moeten houden om niet tekeer te gaan tegen die jongen. Hij kon gewoon moeilijk met zijn gevoelens omgaan.

Op mijn achttiende ben ik na een ruzie met mijn vader het huis uit gegaan. Ik had verkering met een portier van de disco waar ik uitging. Dat viel natuurlijk niet goed. Ik mocht nooit bij hem logeren. Hij kwam ook niet bij mij thuis, alles moest stiekem. Op een gegeven moment was ik dat zat en er kwam ruzie. Dat was de aanleiding voor mij om het huis te verlaten. Mijn zus woonde al een tijdje op zichzelf in Haarlem. Ik heb haar gevraagd of ik tijdelijk bij haar terecht kon, totdat ik een woning had gevonden. Ik ben alleen met mijn dekbed en kussen vertrokken, alles verder achterlatend. Ik kreeg niets mee. En het moeilijke was dat ik geen cent te makken had. Volgens mij werkte ik niet, ik zat nog op school. Ik ben het even kwijt.

Kreeg je financiële steun van je moeder misschien?
Nee, ik heb het helemaal zelf moeten doen, zij had het financieel ook niet breed. Ik zat trouwens wel op school, ik deed een opleiding aan het kmbo, waarbij ik leerde en werkte tegelijk.

Mijn zus had een kleine woning, maar één grote kamer, waar ik op de bank sliep. Na een tijdje bij haar gewoond te hebben, heb ik een woning gevonden voor vierhonderd gulden huur in de maand. Het was een soort tuinhuis, met alleen een tv en een bedbankje. Wel in een mooie buurt in Haarlem, maar het stonk er en er zat schimmel op de muur. Het was klein, misschien maar twintig vierkante meter. De keuken deelde ik met andere bewoners.

Ik was er weinig. Ik ging naar school of naar mijn vriendje. Uiteindelijk kwam dat vriendje bij mij wonen, dezelfde jongen voor wie ik het huis ben uitgegaan. Maar het was een knipperlichtrelatie. Ik was niet heel verliefd op hem. Hij was meer een vlucht voor mij. Hij was lief, maar had zijn weg nog niet gevonden. Dat kan natuurlijk ook niet, want hij was pas negentien. In die tijd ben ik vaak verhuisd, ik heb in alle stadsdelen van Haarlem gewoond. Soms met die vriend, soms alleen als het weer uit was.

In de tijd dat ik op mijzelf woonde, kwam ik nog geregeld bij mijn moeder thuis, bijvoorbeeld als mijn vader aan het hardlopen was. Na een paar jaar was mijn moeder de ruzie tussen mij en mijn vader zat. Ze zei: 'Patrizia komt nu gewoon met kerst eten en neemt haar vriend mee, de hele familie samen, en we gaan het gezellig hebben.' En sinds die tijd was alles weer goed, zonder dat we er ooit nog over gesproken hebben.

Misschien heb je daarom later een man gekozen die ook moeilijk met zijn gevoelens om kon gaan?

Ja, inderdaad, mijn ex heeft daar ook moeite mee. En hij is ook iemand die nooit op zijn gedrag terugkomt of zijn excuses voor iets aanbiedt.

Bij mijn vader voel ik wel dat hij het goed bedoelt en er spijt van heeft. Hij laat het ook merken wanneer ik er ben, door extra zijn best te doen, door lekker te koken of hij bewaart wat voor me. Ik voel mijn vader goed aan, daar zijn geen woorden voor nodig. Mijn ex-partner daarentegen voel ik helemaal niet aan. Hij heeft nooit laten merken ergens spijt van te hebben.

Toen het weer goed was met mijn vader, ben ik nog een hele tijd zoekende geweest. Mijn relatie ging na vierenhalf jaar over, ik ben even teruggverhuisd naar mijn ouders, maar had al snel een nieuwe woning. Ik ben een opleiding tot schoonheidsspecialiste gaan doen – een jaar maar, want ik hield niets vol op dat moment. Bij die opleiding had ik als verplicht vak pedicure, dat vond ik zo smerig. Je moest elke week een model meenemen. Maar als je geen model had mocht je kijken bij iemand anders, dus ik nam niemand mee. Helaas had de lerares uitgerekend die keer een model meegenomen, dus ik was de pineut. Ik moest een likdoorn verwijderen. Ik zie me nog zitten, kokhalzend. Dat was voor mij de druppel; ik ben gestopt met die opleiding.

Al met al waren die jaren best moeilijk voor mij. Ook omdat ik al vrij vroeg op mijzelf woonde en de huur moest betalen.

Hoe vind jij inspiratie?

Inspiratie vind ik vooral in mijn huidige werk, in de tijdschriftenbranche. Daar werken veel creatieve mensen, en dat heeft mij geïnspireerd om op creatief vlak meer te gaan doen. Zo ben ik gaan vormgeven, en uiteindelijk ben ik beeldredacteur geworden. Thuis ontwerp ik vaak kaarten of uitnodigingen voor anderen. Voordat ik in de tijdschriftenbranche werkte, wist ik nooit wat ik wilde doen. Maar dat creatieve trok mij enorm. Helaas heb ik het nog niet zo ontwikkeld zoals ik zou willen, maar het is nooit ergens te laat voor. Nu moet ik weer geld verdienen, dus ik kan mij niet volledig op het vormgeven storten door een uitgebreide cursus te gaan volgen. Ik ben pas gescheiden en heb nog kleine kinderen. Maar het is al mooi dat ik weet wat ik wil.

Sinds een jaar woon je weer op jezelf?

Ja, ik ben negen jaar met mijn ex samen geweest, in die periode hebben we twee kinderen gekregen. Ik heb hem ontmoet toen ik nog in Haarlem woonde, waar ik een huisje had gekocht. Ik heb eerst veel gehuurd, maar op een gegeven moment was ik het zat. En zoals het dan meestal bij mij gaat: ik wilde iets anders. Ik was aan iets nieuws toe. De volgende dag ben ik naar een makelaar gegaan en naar de Hypotheker. En binnen een maand had ik een woning gekocht, heel impulsief. Ik heb zelf alles uitgezocht, welke hypotheekvorm et cetera. Ik snapte niets van wat die man vertelde, maar ik zei: 'Ik wil een hypotheek met de laagste maandlasten en het minste risico, de rest vind ik niet belangrijk.' Dat is altijd mijn houding geweest, dat redt mij vaak.

Wat ik goed daarvan vind, is dat je eigenlijk wél wist wat je wilde. Je durfde een risico te nemen, maar wel een die je aankon.

Na een paar huizen bekeken te hebben, had ik een woning. En ik had besloten: 'Hier wil ik maximaal vijf jaar wonen.' Het was geen grote woning en de buurt was niet heel leuk. Maar ik dacht: na vijf jaar heb ik wat geld, deze woning is mijn spaarpotje, want ik kan niet sparen.

Achteraf ben ik blij dat het zo is gegaan. Ik heb het huis na drie jaar met winst verkocht en dat geld heb ik hard nodig gehad na mijn scheiding.

Dus eigenlijk kun je wel sparen. Je had een klein kapitaal voor jezelf opgebouwd.

Ja, op die manier wel. Ik heb dat geld altijd opzij gehouden. Ik had het huis verkocht nadat ik mijn ex had leren kennen, de vader van mijn kinderen. Hij wilde eigenlijk niet samenwonen, maar toen kwam er een renovatie aan voor mijn woning en zou ik de hypotheek moeten verhogen. Dat was een mooi excuus om toch bij hem in te trekken. Voor die tijd zag ik hem alleen in het weekend en dat ging best moeizaam. Het was altijd maar afwachten hoe zijn pet stond: kon ik een nacht langer blijven of wilde hij liever alleen zijn? Hij kreeg het snel benauwd, hij is ook iemand die erg op zichzelf was.

Achteraf snap ik echt niet dat ik dat wilde op die manier. De enige redenen die ik kan bedenken, is dat ik misschien ook bang was om een man dichtbij te laten komen en dat ik ook erg op mijzelf was. En mijn biologische klok tikte. Ik wilde graag kinderen, en hij leek een stabiele factor. Hij had een vaste baan en een leuk huis. We deden ook leuke dingen samen, weekendjes weg, op wintersport. Ik ben nooit overweldigend verliefd geweest op hem. Maar we hadden het toen wel fijn samen.

Hij was erg gesteld op zijn vrijheid?
Ja, heel erg. En ik wilde gewoon lekker samen zijn. Dat was een onzekere periode, omdat ik merkte dat hij zijn vrijheid miste. Maar toen werd hij ziek. Voor die tijd wilde hij nooit kinderen. Ik had trouwens voor mijzelf al een ultimatum gesteld: als ik vierendertig ben en hij wil nog geen kinderen, dan stop ik met deze relatie.

Je had voor jezelf een grens getrokken en dat heb je steeds gedaan, dat vind ik knap. Dat is de leidraad in jouw leven.
Inderdaad. Maar toen hij ziek werd, kwam er een andere man tevoorschijn. Iemand die wel zijn gevoelens toonde en anders ging denken over kinderen.

In die tijd waren jullie closer?
Ja, hij liet mij meer toe in zijn leven. Door zijn ziekte zijn er kinderen gekomen. Toen is Annika snel verwekt. En na zijn genezing waren we een happy family. Ik had een leuke baan als beeldredacteur, hij had een leuke baan. We gingen lekker veel op vakantie.

In 2006 werd Juna geboren. Maar een jaar later kreeg ik problemen op mijn werk: ik werd ervan beschuldigd dat ik mijn werk niet goed had gedaan. Ik had bewijzen dat ik niets fout had gedaan, maar ik kon er niets tegen inbrengen. Achteraf heb ik begrepen dat de hoofdredacteur mij weg wilde pesten, omdat mijn functie opgeheven zou worden. Het was natuurlijk gemakkelijker en goedkoper geweest als ik zelf had gezegd: 'Aju'. Maar ik heb mij ziek gemeld en overplaatsing aangevraagd.

Dit speelde zich af vlak voor kerst, in december 2007. Ik kwam overstuur thuis en mijn ex reageerde niet zoals ik hoopte of verwachtte, waardoor er iets bij mij is geknapt. En dat was het begin van het einde van de relatie. Voor mijn gevoel moest ik weer toegeven en excuses aanbieden. Vanaf die tijd ben ik mijn eigen leven gaan leiden. Meer weggegaan, vaak uit eten. Ik leefde voor mijn kinderen.

Anderhalf jaar later heb ik de beslissing genomen om bij hem weg te gaan, een nare periode, omdat ik ook mijn baan bij de tijdschriften was kwijtgeraakt. Ik moest op zoek naar een andere woning en een andere baan. Ruim een jaar later kreeg ik pas een huisje aangeboden in Amsterdam. Nu hebben we co-ouderschap over de kinderen, en ik werk op uitzendbasis bij een tijdschrift. Alles is op zijn pootjes terechtgekomen.

Hoe zou jij jouw talenten beschrijven?

Eén talent is dat ik gemakkelijk ben in de omgang. Ik ben er goed in om iemand gerust te stellen, en ik kan mij goed inleven in een ander. Wanneer iemand een probleem heeft, denk ik dat die veel aan mij heeft. Ik kan goed voor mijn kinderen zorgen en mijzelf staande houden in moeilijke tijden. Maar dat is misschien meer een overwinning.

Jezelf staande houden in moeilijke tijden is een groot talent. Je hebt beslissingen genomen, doelen gesteld en je hebt ze allemaal gehaald.

Maar ik blink niet uit in één ding.

Je hebt meerdere talenten.

Nou, ik bedoel eigenlijk: ik kan niet één ding heel goed. Ik kan van alles wat, en het lukt me ook wel, zoals met vormgeven. Maar ik zal er niet in uitblinken.

Nog niet, maar misschien kun je je specialiseren in iets.
Ja, dat zou ik graag doen. Ik moet mijn talenten nog meer ontwikkelen.

Zie je verschillen tussen vroeger en nu?
Ja, duidelijk. Het grootste verschil is dat ik me veel gelukkiger voel nu ik wat ouder ben. Mijn onzekerheid is weg. En ook door mijn gesprekken met jou, en doordat ik jou kan helpen met je boek, zit ik beter in mijn vel. Ik heb me nog nooit zo zeker en stabiel gevoeld.

En ik ben erachter gekomen dat ik het ik fijn vind om alleen te zijn. Geen man, geen relatie, even niets. De meiden en ik, daar gaat het nu om. Ik dacht altijd dat ik dat niet kon, dat zei ik tijdens onze eerste gesprekken ook. Ik vind het nog wel ongezellig om alleen te zijn, maar ik kan het goed. Als iemand dit uit mijn mond hoort, geloven ze het vast niet.

Je bent niet alleen, want je bent met je dierbaren. Je hebt misschien nu een periode voor jezelf.
Absoluut. Mijn ogen zijn geopend door een grote liefde na mijn ex en door de gesprekken met jou. Dat heeft mij sterker gemaakt. Het heeft mij geholpen om de persoon te zijn die ik nu ben en om dat uit te stralen naar anderen.

Welke hobbels ben je tegengekomen bij het ontdekken en ontwikkelen van jezelf?
Ik heb mij vaak te afhankelijk opgesteld, ik durfde niet alleen te zijn. Ik ben mij op spiritueel gebied gaan ontwikkelen, omdat ik bepaalde antwoorden zocht. Ik doe nu een cursus tarot, dat boeit mij. Ik ben er ook achter gekomen dat ik nogal gevoelig ben, ik reageer vaak heftig op bepaalde zaken. Maar ik heb nu meer rust in mezelf gevonden. Mijn dromen maken ook veel duidelijk.

Schrijf je je dromen op?
Nee, maar ze staan mij nog helder voor de geest.

Het is leuk als je ze opschrijft voor later, dan zul je zien dat je vaak je dromen realiseert.

Ja, dat ga ik doen. Ik heb mijn hobbels dus overwonnen door mijn gevoel te ervaren en niet weg te stoppen. Door erover te praten, naar muziek te luisteren. Ik ben naar een sportschool gegaan. Dus door mij spiritueel te ontwikkelen, te luisteren naar mijn intuïtie en mijn dromen, heb ik mijn hobbels redelijk weten te overwinnen, en kan en durf ik alleen te zijn. Ik zal nooit bij de pakken neer gaan zitten.

Moedig.

Ik heb heus weleens een dagje dat ik mij down voel, maar dan huil ik even hard en dan ga ik weer verder.

Wat zijn je dromen voor de toekomst? Wat wil je nog graag bereiken?

Een leuke baan waarin ik mijn talenten kan gebruiken en waarin ik gewaardeerd word; een huis met een open haard! Geluk voor mijn kinderen, familie en vrienden. Dat zijn mijn enige wensen. Ik kijk niet te ver vooruit. Ik heb nooit echt een thuisgevoel gehad. Maar dat komt, dat weet ik. Verder bekijk ik alles van dag tot dag.

En daarbij heb je een langetermijndoel?

Ja, precies. En natuurlijk hoop ik voor mijn kinderen op een goed contact met hun vader.

Heb je nog een boodschap voor andere mensen?

Blijf trouw aan wie je bent en heb de moed daarvoor te blijven staan. Blijf altijd positief en luister naar je dromen. Als ik bijvoorbeeld een nare droom over een relatie heb, weet ik: dit gaat het niet worden. Luister naar je gevoel!

En je allergrootste overwinning is:

Dat ik alleen durf te zijn, echt!

Anastassia Bote

Het leven is een avontuurlijke reis!'
– Anastassia Bote, 13 augustus 1974, Ust-Ishim, Siberië, Rusland

Anastassia kwam in mijn leven omdat ze leerling wilde worden van de School voor Spirituele Coaching. Deze school heb ik in 2007 opgericht nadat een aantal mensen mij door de jaren heen had gevraagd waar ze konden leren wat ik onderwees. Wat ik toen niet besefte, is dat veel van de leerlingen die naar de school komen, zelf al ver zijn. En dat ik meestal ook veel van hen leer. Een van de voorwaarden om aan deze opleiding mee te doen, is het schrijven van een brief waarin de belangstellenden over hun leven vertellen en hun motivatie beschrijven. Ik had de brief van Anastassia vlak voor mijn vakantie ontvangen, en nam hem mee om rustig de tijd te hebben om hem te kunnen lezen. Die brief heeft mij diep geraakt. Hij was niet alleen eerlijk en puur, het was een brief van een jonge vrouw die al veel had meegemaakt en ondanks alles de moed had om bijzondere stappen in haar leven te nemen. Mijn hart zei: ja, deze vrouw wil ik ontmoeten en ze is natuurlijk welkom.

Anastassia is een levendige vrouw. De eigenschap die zij het meest uitstraalt, is moed. Tijdens haar jeugd in Siberië moest zij naast haar school haar oma helpen met aardappelen rooien en de groentetuin bijhouden. Maar bij haar oma vond ze ook een warm nest van liefde, dat haar altijd is bijgebleven.

Na haar studietijd besloot ze naar Europa te verhuizen om het bestaan in Rusland achter zich te laten. Ze kwam alleen. Inmiddels woont ze al meerdere jaren in Nederland. Ze heeft een mooie baan in de IT-sector en een gezin. Anastassia is een vrouw vol passie, en haar passie is aanstekelijk zoals hout op het vuur.

Patricia Blok in gesprek met Anastassia Bote

Ik vind jou in veel opzichten een bijzondere vrouw. Je hebt me verteld over je verleden, hoe je alle moeilijkheden in je leven overwonnen hebt en hoe je je enthousiasme hebt weten te behouden. Dat vind ik een fantastisch voorbeeld voor vrouwen en mannen over de hele wereld. Wil je vertellen over jezelf als kind en over de omgeving waarin je bent opgegroeid?

Ik ben geboren in Siberië, in een klein dorp. Echt zoals je dat ziet in documentaires: met sneeuw, kou en slechte wegen. In de herfst regent het veel en dan is zo'n dorp niet bereikbaar. De post werd met de helikopter gebracht en de postzakken werden bij ons huisje gedropt, waarna de helikopter wegvloog. Het was een bebost gebied met vooral dennenbomen, 'Taiga' noemen ze dat. Als je eroverheen vliegt, zie je alleen maar groen, groen, groen, met af en toe een dorpje. Als je bedenkt dat ik nu hier zit, in een industrieel land met allemaal hightech, is dat een enorm verschil. Wij hadden niet eens asfalt op de wegen.

Toen ik tien jaar was, hadden mijn ouders bedacht dat ik bij mijn oma moest gaan wonen. Mijn broertje was inmiddels geboren, en omdat ze allebei veel werkten in het onderwijs, leek hun dat de beste oplossing. Nu snap ik dat ze dat met de beste bedoelingen hebben gedaan. Ze werkten heel hard, zelfs op zaterdag en soms op zondag. Dus vanaf mijn tiende was ik bij mijn oma. Dat was in dezelfde regio, maar dichter bij de stad. Die stad had meer beschaving. Daar waren de wegen geasfalteerd en had je een theater en universiteiten. De dorpen waren een beetje achtergesteld.

Bij mijn oma was het fijn, zij was een warm mens. Zij wilde mij beschermen tegen al het kwaad in de wereld. Zij vond me een beetje een zielig meisje.

Maar je ging nog wel af en toe naar huis?

Ja, twee keer per jaar. Met Oud en Nieuw, want dan hadden wij langer vakantie, en in de zomer. Ik heb mijn ouders wel gemist in mijn jeugd.

En wat deed je als je bij je oma was?

Ik studeerde veel. Mijn huiswerk ging voor alles. Mijn oma bedacht dat dansen goed voor mij was. Ik ging naar een dansclubje en leerde volksdansen en allerlei andere dansen, dat vond ik erg leuk. Die dansschool heette Terpsithea, dat is de naam van de godin van de dans uit de Griekse mythologie. En het grappige is, dat mijn man in Griekenland is geboren in een dorpje met die naam.

Wat ik in die tijd ook leuk vond, was basketballen en vrienden ontmoeten. Mijn vrijetijdsbesteding van toen is niet te vergelijken met wat kinderen nu hebben, met al die programma's op tv. Wij hadden wel televisie, maar zwart-wit, en maar drie zenders. Dat was niet echt entertainment.

Het leven was eenvoudig. We hadden geen centrale verwarming. Oma had een kachel die met hout moest worden gestookt, en dat hout hakte ze zelf. Toen ze ouder werd, vroeg ze een buurman om dat voor haar te doen. Dus oma stookte 's ochtends het vuur op en dan maakte ze eten voor mij. Daarna ging ik naar school, en dan wachtte ze op mij tot ik thuiskwam.

Was het gezellig?
Het was warm bij haar. Ik wist dat zij altijd voor mij klaarstond. We hadden kippen, konijnen en een koe. Zij heeft me geleerd hoe je een koe moet melken.

In Nederland heb je ook nog veel van dat ambachtelijke, maar volgens mij denken sommige kinderen dat kipfiletjes in de supermarkt groeien. Ze weten niet waar de producten die we kopen, vandaan komen. Nu begrijp ik dat wij een *organic farm* hadden. Wij hadden koeien en met hun mest werd de grond bemest. Wij verbouwden allerlei groenten die we zelf aten, zoals aardappels, tomaten, komkommer en kool. Naast het huis stond een stalletje voor varkens, kippen, koeien, konijnen en ganzen, dus wij hadden ook ons eigen vlees. Wij konden ons zelf voorzien, zonder kunstmatige dingen. Zo ben ik opgegroeid. Het was niet uitzonderlijk, het was gewoon een leefwijze. Nu zal het daar wellicht anders gaan, maar toen ging het zo. Ik moest ook hard werken daar, vooral op die aardappelvelden.

Toen ik klaar was met de middelbare school ging ik naar de universiteit. Mijn ouders zijn pedagoog en ik dacht: dat word ik ook. Iets anders kwam niet in me op. Toen ik in de stad ging studeren, zag ik dat je aardappels ook in de winkel kunt kopen. Toen heb ik mezelf beloofd: ik zal zo hard mijn best doen dat ik nooit meer aardappels hoef te verbouwen. Dat was het doel in mijn leven.

Wat goed dat je dat nog weet. Dat was een ommekeer in je leven!
Ik dacht: er moet een andere manier zijn om geld te verdienen zodat ik de aardappels gewoon kan kopen. Tomaten en komkommers kweken viel nog wel mee, dat ging niet in grote hoeveelheden. Maar als je aardappels verbouwt, moet je ze eerst in de grond doen en dan met de hand het onkruid weghalen, want daar was geen tractor voor. Dat moest drie keer per jaar.

Er waren veel velden. Hoeveel aardappels eet je wel niet in een jaar? Het ging dus om veel kilo's, die wij zelf verbouwden.

Als kind ervaar je alles veel groter, die velden waren voor mij enorm. In september moesten al die aardappels eruit. Je moest de knollen er een voor een met een schep uithalen en in een zak doen, die je vervolgens naar de kelder bracht. In september was het heel koud daar, je handen bevroren bijna.

Waar haal jij je inspiratie vandaan? Kun je daar iets over vertellen?

Ik vind inspiratie in verschillende dingen. Het ligt eraan waar ik behoefte aan heb op een bepaald moment. Nu zit ik thuis met een baby en mijn wereld is tamelijk klein.

Je vertelde dat je normaal in de IT-branche werkt?

Ja, daar ontmoet ik veel mensen op een dag. Dan voel je je ergens onderdeel van, wat een illusie is, maar nu heb ik het gevoel dat ik afgescheiden ben van de rest van de wereld. Dat het hier bij deze vier muren eindigt.

Ik heb een paar dagen geleden een concert opgenomen van een Spaanstalige zanger, Bongo, hij maakt ritmische muziek. Muziek is absoluut inspirerend voor mij, met name goede ritmische muziek of klassieke muziek. Ik houd er ook van om te dansen, om naar een discotheek te gaan. Muziek is voor mij dat je – zoals op een radio – jezelf op een bepaalde golflengte kunt afstemmen.

Muziek afstemmen op jouw frequentie?

Ja precies, bijvoorbeeld wanneer je vrolijk wilt worden of energie nodig hebt. Dat concert gaf mij zoveel energie. Dan voel ik me weer verbonden met de wereld, en vanuit die verbondenheid weet ik: ik ben niet alleen, er is een wereld om mij heen en ik ben daar onderdeel van. Ik heb de macht en de mogelijkheden om iets te doen. Ik hoef niet alleen maar thuis te zitten en luiers te verschonen. Ik kan ook andere mensen helpen en zelf iets bereiken. Klassieke muziek geeft sereniteit en schoonheid, en ritmische muziek is voor mij een bron van energie. Als ik een keer down ben of een moeilijk moment heb, denk ik aan jouw adviezen, zoals: 'Laat het bij die ander', of: 'Je hoeft niet altijd alles serieus te nemen'. Dat zijn lichtpuntjes voor mij. Dan denk ik: ja, daar gaat het om, dát is belangrijk. Of ik denk aan mijn twee goede Russische vriendinnen hier in Nederland, die zelf ook kinderen hebben. We kennen elkaar een jaar of tien. Zij hebben ook ups en downs meegemaakt. We zijn open naar elkaar en ik weet dat zij ook weleens moeilijke momenten hebben. We praten daarover en komen er dan toch weer op uit dat het leven de moeite waard is. Goede vriendschappen zijn belangrijk. Wanneer ik buiten met de kinderwagen loop, denk ik soms aan mijn vriendinnen en dan weet ik: zij denken nu met een warm gevoel aan mij. Dat is inspirerend en geeft me steun. Het geeft me energie om door te gaan.

Inspiratie kan uit gesprekken, muziek of een boek komen. Ik vind het ook heerlijk om alleen in de natuur te zijn, dan hoef ik niet te praten, niets uit te leggen. Dan ben ik één met de natuur. Dat is ook weer dat gevoel van verbondenheid.

De natuur vangt je op, hè?

Ja, en ook realiseer ik me dat de wereld groter is dan alleen onze dagelijkse bezigheden, zoals werk, je gezin, boodschappen doen. Het universum is groter en de natuur is daar een uiting van. Ze leeft en ontwikkelt zichzelf. De natuur heeft ons mensen helemaal niet nodig.

Je bedoelt de cyclus van het leven, dat het leven doorgaat, steeds opnieuw?

Ja, als je de natuur haar gang laat gaan, is er ook chaos. Er kunnen dingen afbreken, maar het blijft een ontwikkelingsproces. In Siberië zijn plekken waar nog nooit iemand is geweest. Het is gigantisch groot. Het bos is van niemand, er zijn geen paden, niets. Het is altijd pure schoonheid.

En als er chaos is, herstelt het zich. Na de chaos komt er een nieuwe orde. Ook in de mens, als het goed is.

Bij menselijke creaties heb ik soms het gevoel: dit is lelijk. Bijvoorbeeld hoe sommige huizen zijn gebouwd of hoe de ruimte is ingedeeld. Dat gaat tegen mijn gevoel van harmonie in. In de natuur heb ik dat niet. Een vulkaanuitbarsting is mooi om te zien, net als water. Ik kan niet ongelukkig zijn als ik in zee zwem, dan ontspan ik.

Ik ben twee keer alleen op vakantie geweest, in Sardinië en Sicilië. Dat was na mijn scheiding, tussen twee huwelijken in. Mensen zeiden: 'Wat knap van jou dat je alleen op vakantie gaat. Hoe doe je dat, ga je dan alleen uit eten?' Ik vond het heerlijk. De eerste week had ik niet eens de behoefte om met andere mensen te praten. Ik wilde naar binnen, tot mezelf komen, een retraite houden.

Fantastisch. Tussen je twee huwelijken in, tijdens een moeilijke periode, heb je toch jezelf geheeld en ben je ergens naartoe gegaan, bij de zee.

Ja, beide keren bij de zee, en dat was voor mij een ontdekking. Ik liep iedere dag hard, ik mediteerde of deed aan yoga. Ik verbleef in een 'agriturismo', een beetje afgelegen, zodat ik rust had. Ik kon zelf voor mijn eten zorgen en at veel groente en fruit. Na een paar dagen kreeg ik inzicht in mijn situatie en ervoer ik een groot gevoel van dankbaarheid dat ik zoveel heb gekregen in het leven.

Ik krijg ook inspiratie van liefdesmomenten en vriendschappen, ervaringen die mijn leven hebben verrijkt. Ik heb het allemaal opgeschreven. Als ik er nu weer aan denk, of als ik een moeilijk moment heb, lees ik dat en geeft het mij kracht. Ik kan mijn leven ook vanuit die hoek bekijken. Alsof ik tot mijzelf spreek, maar dan vanuit een ander deel van mijzelf, mijn hogere zelf, vanuit een verlichte staat. Iedere keer als ik zo'n kans heb, denk ik: ik kan zó blijven leven. Zulke momenten moet ik regelmatig inbouwen, eigenlijk. Het is de 'verlichte' Anastassia die tot de 'zielige' Anastassia spreekt.

Weet je hoe het begonnen is? Toen ik een jaar of zestien, zeventien was, begon ik al te lezen over yoga, over het evenwicht tussen lichaam en geest, over hoe je het leven op een vreugdevolle en harmonieuze manier kunt leiden. Later kwam ik op het idee – misschien heb ik het ergens gelezen – om een dossier op te bouwen van dingen die mij gelukkig maken, die mij inspireren. Ik ben daar lang geleden mee begonnen, toen ik net naar Nederland was verhuisd. Het was de tijd dat ik brak met mijn ouders, voor mijn gevoel waren ze al gestorven. Daar had ik het moeilijk mee. Ik had nachtmerries dat mijn moeder mij achtervolgde.

Om mijzelf kracht te geven, schreef ik de dingen op waar ik energie van kreeg, waar ik vrolijk van werd. Ik stopte ze in een mapje en dat heb ik nog steeds. Op dat mapje staat met grote letters: HAPPY!

Het is goed om bewust je antennes uit te steken. Inspiratie kan van alles zijn, van make-upadvies tot meditatieadvies. Of een complimenteus mailtje waarin iemand zegt dat zij mij een mooi mens vindt en aangeeft wat ze in mij waardeert. Als ik het moeilijk heb, lees ik dat. Dan weet ik weer: ja, dat is ook in mij aanwezig. Ik ben niet alleen dit en dat, maar ook die en die. En je ziet wanneer je dat een paar jaar bijhoudt of er trends ontstaan, of er steeds dezelfde dingen zijn die je energie geven.

En houd je het nog steeds bij?
Ja, ik kijk er af en toe in.

Wat leuk. Ik vind het een mooi idee, dank je! Zou je iets willen vertellen over jouw belangrijkste overwinningen?
Tja, wat is een overwinning? Ik vind het leuk dat ik een duikcursus heb gedaan en mijn duikbrevet heb behaald. Ik was bang om te duiken, het is een technische sport. Ik dacht: kan ik het wel, misschien krijg ik het benauwd. Maar ik heb het gedaan,

dat was een overwinning op mijn angst. Nu kan ik er gewoon van genieten en denk ik: waar was ik nou bang voor? Het is zo'n ontspannen sport, je hangt een beetje in het water en kijkt rond.

Dat je naar Nederland bent gekomen vanuit Rusland, vind ik ook een overwinning.

Voor mij voelt dat niet als een overwinning, ik was er niet bang voor. Maar ik ben blij dat ik mijn draai gevonden heb. Ik heb mijn leven hier en mijn vrienden, ik voel me hier thuis. Het zou voor iedereen goed zijn om een paar jaar in het buitenland te wonen en er te werken of te studeren. Dat verruimt je blik op de wereld enorm en verrijkt je leven. Je voelt je sneller een wereldburger, misschien herken jij dat ook. Je thuis wordt groter. Ik voel me thuis in heel Europa. Ik zou in elk land in Europa kunnen wonen en mijn draai kunnen vinden. Dat is een leuke ervaring.

Toen ik op mijn vierentwintigste naar Nederland kwam, had ik het gevoel dat ik mijn leven opnieuw kon creëren, mezelf incluis. Je begint met een blanco bladzijde in je leven. Je kunt het invullen zoals je wilt. Wie zullen je vrienden zijn, ga je studeren of werken, waar ga je wonen? Je zit niet meer in dat vaste patroon dat je ouders je hebben geleerd. Ik had sterk het gevoel dat ik vleugels had, bijna letterlijk. Dat vond ik schitterend.

Maar het was toch een overwinning, want je wist helemaal niet hoe het zou zijn. Ja, je moet er wel wat voor doen om er je thuis van te maken: de taal leren en je aanpassen.

Als ik met jou praat, heb ik het gevoel dat jij het zag als één groot avontuur. Wel een beetje. Ik vond het leuk, gaaf, het gaf me een vakantiegevoel. Dit past bij mij en dit wil ik proberen.

Mijn laatste overwinning is dat ik mijn ouders heb vergeven.

Dat is een mooie overwinning, een helende gebeurtenis in je leven.

Het is een lang proces geweest. Rond mijn tiende, toen ik naar mijn oma ging, had ik nog honderd procent vertrouwen in mijn ouders. Maar langzaam brokkelde de relatie met hen af. We zagen elkaar te weinig en ik had het gevoel dat ze me in de steek hadden gelaten. Ik huilde om mijn moeder en voelde mijzelf tekortgedaan. Ik zag het als een straf dat ik niet meer bij mijn ouders mocht zijn. Ik begreep er niets van. Zij praatten er ook niet over. Dit is het en klaar. Daar leed ik onder.

Mijn ouders zeiden ook: 'Je moet zelf je problemen oplossen, val ons daar niet mee lastig.' Dat was rond mijn vierentwintigste. Toen besloot ik dat ik niets meer met hen te maken wilde hebben, ze waren dood voor mij. Ik wilde onbereikbaar voor hen zijn, fysiek en emotioneel. Toen ik naar Nederland kwam, was dat het geval: er waren behoorlijk wat kilometers tussen ons. En de relatie tussen Rusland en Nederland was zodanig dat je niet zonder uitnodiging, dus zonder visum, zomaar langs kon komen. Dat vond ik prettig.

We hebben jarenlang niet met elkaar gesproken. Ik had ze wel mijn adres gegeven, maar meer uit een gevoel van plicht. Er was geen contact.

Inmiddels is dit twaalf jaar geleden. De laatste jaren is mijn gevoel voor mijn ouders zachter geworden. Mijn ouders, voornamelijk mijn moeder, stonden ervoor open om over het verleden te praten. Ze zeiden: 'Het was niet de beste beslissing die wij hebben genomen, het spijt ons.' Ik vond het goed dat ze dat zeiden en dat ze erover praatten, maar ik dacht wel: voor mij is het over.

Maar sinds de geboorte van mijn kind, de ontwikkeling die ik zelf doormaak en de gesprekken met jou, ben ik gaan inzien dat hun keuze destijds uit liefde is voortgekomen. Die liefde is nooit weggeweest, terwijl ik vroeger dacht dat zij mij niet wilden en mij haatten. Dus dat was de eerste stap.

En nu, door mijn tweede huwelijk, sta ik er weer anders in. De relatie die ik met mijn man en ons kindje samen heb, voelt anders. Ik werk niet en heb meer tijd om na te denken. Als ik met mijn kind wandel, denk ik veel. Ik heb mijn ouders kunnen vergeven. Ik heb het gevoel gekregen dat ik zelf ook sorry moet zeggen. De laatste jaren heb ik hen bewust of onbewust op afstand gehouden, en dat heeft hun ongetwijfeld pijn gedaan. Ze hebben er vast en zeker om gehuild dat ik ze niet dichter bij me liet.

Dat is een prachtig proces van heling, van vergeving.
   Mijn moeder is geen evenwichtige persoon. Ze kan zomaar in huilen uitbarsten of gaan schreeuwen. De volgende dag is ze weer rustig en doet alsof er niets aan de hand is. Dat heb ik haar altijd kwalijk genomen. Maar ik heb nu het gevoel dat ik haar vergeef, zelfs haar toekomstige aanvallen.
   Ze is al lange tijd niet boos geweest. Ik heb haar regelmatig aan de telefoon en dan houdt ze zich in. Misschien komt dat ook, omdat ze nu ouder en rustiger is. Zij heeft ook dingen ingezien. Het is alsof ik haar en mijn vader omarm, met alle dingen die zij en ik gedaan hebben en die misschien niet goed zijn geweest. Nu is het allemaal goed.

Ook al had je het anders gewild, heb je het nu geaccepteerd en begrepen dat het niets met jou te maken had? Dat er altijd liefde was. En dat het voor hen misschien ook moeilijk was om die keuze te maken?
   Ik heb er een goed gevoel over nu. Ik voel me meer een geheel, ik voel mij weer hun dochter. Dat gevoel heeft jarenlang ontbroken.

Je voelt je meer heel, omdat je ook met je verleden verbonden bent. Dus door ze te vergeven en door begrip te tonen, heb je jezelf en je ouders eigenlijk geheeld.
   Ik heb mijn ouders deze week een brief geschreven waarin ik dit alles uitleg. Ze gaan waarschijnlijk huilen als ze de brief

lezen, maar voor hen is het goed te weten dat er niets meer tussen ons in staat en dat ik geen kwade gevoelens meer heb. Ik zei tegen mijzelf dat ze dood waren, maar dat was niet zo. Er was gewoon een gat in mijn leven.

Het is zo mooi dat als wij mensen groeien, het nooit te laat is om dingen te veranderen of nieuwe inzichten te krijgen.
Daar ben ik van overtuigd. Het maakt niet uit of je zestig, zeventig of tachtig bent. Je geest leeft voort. Je lichaam verandert en je gezicht verandert, er komen rimpels en zo, maar de geest is het belangrijkste, dat is de drijfveer. Ik voel me jong. Ik ben zesendertig, maar ik voel me dertig of achtentwintig. Het belangrijkste is dat je je belangstelling voor het leven blijft houden. Dat je het leven ziet als een avontuur.

Zeker, dat is prachtig: het leven is een avontuur.
Je mág dingen meemaken. Misschien valt het af en toe tegen, maar je mag, je leeft. Wat wil je anders? Liggend in een kist maak je niets mee, daar is het veilig en rustig.

Wat zijn je dromen voor de toekomst?
Die vraag stel ik mijzelf regelmatig, vooral toen ik op vakantie was in Sardinië en Sicilië. Wat wil ik op het gebied van relaties, liefde, werk, gezondheid en op het gebied van spirituele ontwikkeling? En nu ben ik dat weer aan het herzien, omdat de baby er is. Ja, wat wil ik eigenlijk?
Mijn eerste droom is een huis aan zee. Dat mag een klein huis zijn, zolang ik maar toegang heb tot de zee, de mogelijkheid heb om te zwemmen. Ik wil mijn kindje leren zwemmen. Ik verlang naar een plek in de ruimte en de tijd waar ik rustig kan zijn, waar ik kan ontspannen, nadenken en genieten.

Nu ben je moeder, straks ga je weer werken en midden in het leven staan. Dan wil je een plek hebben waar je je kunt terugtrekken?

Dat verlangen heb ik al een tijdje. Nu denk ik: dat moeten we maar realiseren. Een nestje creëren, waar ik mij terug kan trekken. Dat ik een paar keer per jaar kan zeggen: 'Nu wil ik even pauze, ik wil nadenken.'

Een soort miniretraite waar je weer kracht op kunt doen?
Het is voor mij zeker een droom en een doelstelling dat ik mijn leven zo organiseer dat ik meer tijd heb voor yoga, voor meditatie en rust. Niet altijd geld verdienen en rennen.

Jij komt op mij over als iemand die al veel van haar dromen heeft gerealiseerd op haar zesendertigste. Je bent ook verbonden met je essentie. Dat is een grote gave.
Voor mij is dat inderdaad belangrijk, maar het kost mij weinig moeite om dicht bij mijzelf te blijven, en ik probeer niet tegen mezelf te liegen. Ik maak natuurlijk fouten, maar die ontdek ik later. En het is niet zo dat ik mezelf bewust voor de gek houd.

Heb je nog een boodschap voor andere vrouwen of mannen? Wat zou je aan de wereld mee willen geven als jouw geheim?
Ik moet mijzelf er ook aan herinneren, maar ik zie het leven als een avontuur, als een reis. Sta jezelf toe om te genieten, om dingen naar je toe te trekken waarvan je geniet. Ik geloof in gezond egoïsme. Mensen genieten van geven, van verbonden zijn, van menselijk contact. Het is egoïstisch, omdat jij er zelf van geniet, maar het is ook geven. Als je zorgt dat je zelf lekker in je vel zit, kun je een ander ook meer geven. Je hoeft je dus niet te schamen als je de behoefte hebt om een dagje naar de sauna te gaan, of om een feest met vriendinnen te organiseren.

Ik heb vaker gehoord van mijn vriendinnen dat er nieuwe energie ontstaat wanneer ik op een feest kom. Het krijgt een extra dimensie. Ik geef hun, en vooral mijn twee beste vriendinnen, als het ware de vrijheid. Ze vragen bijvoorbeeld: 'Moet ik niet terug naar mijn man?' Of: 'Wat zullen andere mensen zeggen, kan dit wel?' En dan zeg ik: 'Waarom niet?'

Ik moedig ze aan om te genieten, en dat vinden ze heerlijk. Noem het gezond egoïsme of een avontuurlijke reis, uiteindelijk wordt mijn omgeving er rijker van.

Sultan Kara-Celik

'Wees gelukkig met wat je hebt!'
– Sultan Kara-Celik, 13 augustus 1979, Velsen

Ik ontmoette Sultan bij de Rabobank. Ik had een afspraak gemaakt om een spaarrekening te openen. Ik ben altijd wat onzeker als het om banken en nummers gaat. Mijn sterke kant is taal, ik heb een soort dyslexie met nummers.

Ik was blij verrast toen ik een prachtige Turkse vrouw in een mantelpakje aantrof. Ze zag er niet alleen mooi uit, maar ze legde ook alles heel goed uit. Ik voelde mij vrij om allerlei vragen te stellen die ik op een bank nooit eerder had gesteld. Ik heb daar best lang gezeten, en toen ik vroeg of mijn spaargeld veilig zou zijn, antwoordde zij: 'Niets is honderd procent veilig, maar onze bank onderhoudt een open en eerlijk contact met de klanten en heeft een goede naam opgebouwd.'

Dit gaf voor mij de doorslag. Sultan was er voor mij op een manier die ik nooit eerder bij een bank had meegemaakt. Ik liep naar buiten, ging naar huis en zei tegen Henk: 'Ik heb vandaag een bijzondere vrouw ontmoet.'

Sultan vertegenwoordigt voor mij het nieuwe vrouwelijke leiderschap. Haar houding is open en eerlijk. Tegelijkertijd straalt ze een professionaliteit uit die vertrouwen geeft. Ze kent haar vak. Ze zei tegen me: 'Bankieren gaat over mensen.' Ik leerde haar pas beter kennen nadat ik haar had geïnterviewd voor dit boek. Wat ik bijzonder vind, is haar levenshouding: een combinatie van doorzettingsvermogen en dankbaarheid. Haar innerlijk is als haar uiterlijk.

Patricia Blok in gesprek met Sultan Kara-Celik

Wil je iets vertellen over je beroep en hoe je dat zelf ervaart?

Soms vragen mensen die met kinderen of met scholen werken – dat zijn contactpersonen van de bank, of uit mijn privéleven – of ik naar hen toe wil komen om iets te vertellen over mijn werk. Wat ik doe en hoe ik zover ben gekomen, zodat de kinderen daar een voorbeeld aan kunnen nemen. Maar ik zie mijzelf niet als voorbeeld; ik heb gedaan wat er van mij werd verwacht en mijn eigen richting gekozen.

Veel mensen denken: je bent een vrouw met buitenlandse ouders, je hebt gestudeerd, je hebt een goede functie en je krijgt iets voor elkaar als je het wilt. Ze vragen mij dan of ik dat wil uitdragen. Dat is altijd leuk om te horen, maar zelf ervaar ik het niet zo. Misschien ben ik daar te bescheiden voor. Voor mij hoort een carrière erbij, het liefst wil ik nog hoger en nog verder. Maar ik heb een aantal keuzes in het leven gemaakt, waardoor het even niet zo snel gaat als ik zou willen, bijvoorbeeld kinderen. Dus eerst het een en dan het ander, niet tegelijk helaas.

Kun je iets vertellen over jezelf als kind, en over je thuissituatie?

Mijn opa is als gastarbeider uit een dorp in Turkije naar Nederland gekomen, hij hoorde bij de eerste generatie Turken hier in Nederland. Hij kwam alleen zonder zijn jonge vrouw en hun vier kinderen, onder wie mijn vader. Hij moest eerst werk en een huis zoeken. Toen hij een baan kreeg in een papierfabriek in Velsen, wilde hij dat zijn gezin zou overkomen. Mijn oma zag het niet zitten om de kinderen mee te nemen. Zij is eerst alleen naar Nederland gekomen, maar ze kon niet zonder haar kinderen en is weer teruggegaan. Helaas werd ze toen ziek, ze is op haar zesendertigste overleden.

Mijn opa is daarna weer getrouwd in Turkije, want zo ging dat toen, en gelijk weer naar Nederland gegaan. Zijn nieuwe vrouw is met zijn vier kinderen naar Nederland gekomen. Samen hebben ze nog vier kinderen gekregen. Dus ik heb zeven ooms en tantes. Mijn vader was zes toen hij naar Nederland kwam, hij heeft de Nederlandse cultuur dan ook goed meegekregen.

Mijn vader was de oudste zoon, van mijn opa's eerste vrouw. Mijn vader was zes toen zijn moeder overleed. Hij en zijn broer hebben het altijd moeilijk gehad met de dood van hun moeder, ze missen haar nog steeds. Ze hadden een stiefmoeder, maar dat is niet hetzelfde. Ik weet niet hoe mijn tantes het hebben ervaren, want met hen heb ik niet zoveel contact. Ik draag de naam van mijn oma, dat maakt het voor mijn vader en oom nog emotioneler.

Dus jouw vader heeft je naar zijn moeder vernoemd, Sultan.

Ja, ik ben het eerste kleinkind, en voor mijn vader de eerste dochter. Mijn oom noemt mij ook wel 'mijn kleine moeder', vanwege die naam.

Ik had mijn oma graag willen leren kennen, maar ze is te vroeg overleden. Mijn vader is op jonge leeftijd met mijn moeder getrouwd, zij waren zeventien. Dat was een gearrangeerd huwelijk, het was niet zo dat ze verliefd werden en verkering kregen. Mijn moeder woonde toen in Turkije, ze was een 'importbruid'.

Maar kende hij haar wel?

Nee, ze kenden elkaar niet. Ze hadden elkaar wel een keer gezien, want mijn moeder was een buurmeisje van mijn oudtante in Turkije. En die tante wist dat dit meisje van goede komaf was. Ze dacht dat ze een geschikte vrouw voor mijn vader zou zijn. De moeder van mijn moeder was ook jong overleden. Mijn oudtante dacht: een man en een vrouw die allebei hun moeder hebben verloren, die passen goed bij elkaar, ze kunnen elkaar steunen. Maar daardoor hebben wij kinderen ook nooit een echte oma meegemaakt.

Mijn moeder had het zwaar als kind. Ze was een jaar toen haar moeder overleed. Zij had niet een leuke stiefmoeder gekregen.

Mijn moeder is naar Nederland gekomen nadat ze met mijn vader is getrouwd. Ze is een ambitieuze en zelfstandige vrouw. Zij was een van de eerste vrouwen in IJmuiden die geen hoofddoek om wilden. Ze ging een broek dragen, en is haar rijbewijs gaan halen.

Wat moedig!

Ja, heel vooruitstrevend. Mijn moeder heeft ons ook nooit belemmerd in onze ontwikkeling, en mijn vader ook niet. Mijn vader is niet die Turkse man met snor die met zijn vuist op tafel slaat.

Mijn ouders hebben eerst een tijdje bij mijn stiefgrootmoeder ingewoond, maar dat was niet zo'n prettige periode. Vroeger ging het geld dat je verdiende direct naar je ouders.

Dat ging in Nederland ook zo.

Dat is voor ons moeilijk voor te stellen. Mijn moeder vertelde dat je vroeger je loonzakje inleverde bij je vader. Die gaf jou dan een toelage. Mijn ouders hadden het daar moeilijk mee, en nog steeds als ze erover vertellen. Vooral toen ik, hun eerste kind, werd geboren.

Mijn opa wilde terug naar Turkije, en iedereen moest daaraan meewerken. Mijn ouders werkten fulltime en oma ook. En al het geld dat werd verdiend, ging in het 'familiepotje'. Ik denk dat als dat nu zou gebeuren, er mensenrechtenorganisaties bij zouden komen, want toen ik zes weken was, werd ik naar een pleeggezin gebracht. Een Nederlands gezin, waarom weet ik niet.

Misschien was er dertig jaar geleden geen crèche, of misschien wisten de Turkse mensen daar niet mee om te gaan.

De man in dat gezin werkte en de vrouw bleef thuis. Zij had zelf ook vier kinderen, en deed dit erbij, omdat ze het leuk vond en er geld mee verdiende. Haar jongste dochter was ongeveer tien tot dertien jaar ouder dan ik. Hun kinderen gingen al naar school, en zij vonden het leuk om een klein Turks kindje in huis te hebben.

Jij woonde daar?

Ja, van maandag tot en met vrijdag dag en nacht. Mijn eerste twee levensjaren, toen mijn ouders bij mijn opa en oma woonden, was ik zelfs ook het weekend bij mijn Nederlandse pleegouders. Mijn ouders mochten alleen vrijdagavond een uurtje langskomen van mijn opa, hij was echt een dictator. Ze waren natuurlijk moe na een week werken. Mijn moeder had zwaar werk in een visfabriek, en mijn vader werkte in een garage. Mijn moeder vertelt er nog weleens met tranen in haar ogen over. 'Ik moest snel koken en alles opruimen, want hoe eerder we klaar waren, hoe sneller we naar jou toe konden. Als we klaar waren, gingen we in elkaar gedoken in een hoekje zitten, totdat hij eindelijk zei: "Ga maar naar je kind."' Mijn moeder was een jonge vrouw die weinig van de wereld had gezien. Ze was achttien toen ze mij kreeg. Ze sprak de taal niet en ze kende niemand, dus niemand die haar wegwijs kon maken.

Twee jaar later hebben mijn ouders gebroken met opa en oma. Mijn vader wilde niet meer in een garage werken, hij werkte liever met mode en stoffen. Dat mocht niet van mijn opa, want mode en textiel 'is iets voor vrouwen'. Mijn vader is toen gestopt met werken en is een textielopleiding gaan doen, mijn moeder was de kostwinner thuis. Dat waren absoluut omgekeerde rollen.

Voor een Turkse familie in die tijd waren het echte pioniers.

Ja, en vanaf het moment dat ze op zichzelf woonden, ben ik de weekenden thuis geweest. Ik werd vrijdags opgehaald en maandagochtend weer weggebracht. De mensen die op mij pasten, zijn echte schatten, ik heb nog steeds contact met ze. Zij zijn 'mam en ome Lou'. Mijn pleegmoeder is hertrouwd. Ik heb hem nooit papa genoemd, maar ome Lou. Mijn biologische ouders noemde ik anne en baba, op zijn Turks. Met Moederdag en Vaderdag en verjaardagen ga ik zowel naar mijn eigen ouders als naar mijn pleegouders.

Je bent met vier ouders opgegroeid, en met twee culturen, dat is bijzonder.

Ik heb van beide culturen het positieve mee kunnen nemen. Thuis heb ik een Turkse opvoeding gehad, maar bij mijn Nederlandse pleeggezin ben ik opgegroeid met Koos Alberts en Corry Konings. Zij luisterden daarnaar en dansten de polonaise. Turkse kinderen van mijn leeftijd wisten niet wat de polonaise was, maar ik wel, want ik was Nederlandse feestjes gewend. Mijn pleegouders vierden Sinterklaas en Kerstmis. Doordeweeks kreeg ik boerenkool met worst, en in het weekend at ik Turks.

Voor mij pakte het dus goed uit, maar er zijn ook verhalen dat Nederlandse pleeggezinnen hun Turkse kindje wilden adopteren. De ouders van mijn achterneef hebben hem naar Turkije teruggestuurd, omdat het Nederlandse gezin hem echt wilde hebben, en dat vonden ze eng. Bij mijn zusje is dat ook ter sprake geweest.

Dus er waren meer Turkse kinderen in Nederlandse pleeg-gezinnen?

Ja, mijn man, die ook uit IJmuiden komt, was ook bij een pleeggezin ondergebracht. Maar toen ik naar de hogeschool ging, heb ik Turkse mensen uit Zaandam en Amsterdam leren kennen die er nog nooit van hadden gehoord. Zij gingen naar familie of naar de crèche. Vroeger werden veel Turkse kinderen door hun opa's en oma's opgevoed. Maar ja, mijn opa en oma werkten, en toen mijn ouders het contact met hen hadden verbroken, stonden ze er alleen voor.

Mijn zusje die tweeënhalf jaar na mij is geboren, ging naar een ander pleeggezin, in Hillegom, dat was verder weg. Zij werd daar erg verwend. Dat gezin had al volwassen kinderen, mijn zusje was daar dus het enige kind, een soort kleinkind, want hun eigen kinderen hadden geen kinderen. Bij mijn pleeggezin was ik gewoon een van de kinderen. Ze hadden het niet erg breed, en daarnaast hadden ze nog meer pleegkinderen. Met Sinterklaas kreeg ik bijvoorbeeld een chocoladeletter, en mijn zusje kreeg een zak vol cadeaus. Dat maakte dat er momenten zijn geweest dat mijn zusje en ik het moeilijk met elkaar hadden. Zij werd anders opgevoed dan ik, en in het weekend waren we samen thuis…

Toen we vier waren, gingen we naar school en waren we ook doordeweeks thuis. Maar na vier jaar heb je dan ineens met een zus te maken. We gaan nu goed met elkaar om, maar ik kan me nog herinneren dat wij echt oorlog hadden met elkaar.

Dat heb ik ook gehad met mijn zusjes, en wij zijn met zijn allen in één huis opgegroeid. Rivaliteit is normaal bij zusjes, toch?

Ik weet niet of het daardoor komt, maar ik had het er moeilijk mee als zij na Sinterklaas of na de kerstvakantie naar huis kwam, met dozen vol spullen. Dat was vreemd. En omdat ze daar enig kind was, heeft zij niet het gevoel van delen meegekregen. Dat heeft ze later wel geleerd.

Acht jaar later kregen we een broertje erbij en die is thuis opgegroeid. Wij waren toen al wat ouder en namen een deel van de zorg op ons. Ik ben snel zelfstandig geworden. Toen we vier waren, bleven we tussen de middag over, maar later, toen ik een jaar of acht was, gingen we 's middags naar huis en maakten zelf ons broodje. Daarna gingen we weer naar school. Ik was dus een sleutelkind, met een sleutel om mijn nek.

Wij woonden aan een drukke winkelstraat en de bakker was aan de overkant. Toen er een keer een vriendinnetje meekwam, moest ik brood halen en dus oversteken. Dat vriendinnetje zei toen: 'Ik mag niet oversteken van mijn moeder'. Ik had zoiets van: niet oversteken? Ik moet wel, anders hebben we geen brood. Dat kan ik me nog goed herinneren. Mijn moeder zegt dat ik hierdoor snel zelfstandig ben geworden, en mijn zusje niet. Ik moest wel, want ik was de oudste. Dat wil ik bij mijn eigen kinderen absoluut niet. Ze gaan allebei hetzelfde doen. Het mag niet zo zijn dat de oudste altijd de klappen opvangt en dat de jongste daardoor wordt beschermd.

Kun je iets vertellen over je situatie nu? Je bent getrouwd met een Turkse man.

Ik ben getrouwd met iemand met dezelfde achtergrond. Mijn man is net als mijn vader het kind van gastarbeiders. Hij is van de tweede generatie, ik van de derde. Het grappige is dat zijn vader en mijn opa samen hebben gewerkt. Alleen hebben zijn ouders op latere leeftijd een kind gekregen, mijn man. Hij is enig kind. Mijn man is net als ik geboren en opgegroeid in Nederland. Hij heeft hier ook zijn studie gedaan, werkt hier en heeft zijn vrienden hier. We hebben alle twee familie in Turkije, maar ons leven is hier in Nederland.

En had zijn moeder ook geen moeder meer?

Zijn ouders hadden beiden hun ouders nog. Mijn man heeft wel zijn opa's en oma's gekend, maar die zijn overleden toen hij nog jong was. Inmiddels is zijn vader ook overleden.

Het is puur toeval dat wij alle twee in IJmuiden zijn geboren en opgegroeid. IJmuiden is een kleine gemeenschap en helemaal de Turkse gemeenschap: 'ons kent ons'. We wisten van elkaar wel wie we waren, maar we waren geen vrienden en we kenden elkaar ook niet echt. Tot tien jaar terug. Hij ging met mijn neef om, zij kenden elkaar van het voetbalveld. Mijn neef moest mij een keer ergens ophalen en toen was hij mee, zo hebben we elkaar leren kennen. En van het een kwam het ander, we raakten bevriend en zes jaar later besloten we een relatie aan te gaan. Sindsdien zijn we samen, nu bijna vier jaar getrouwd.

We hebben ons eigen huis in IJmuiden, bijna bij zijn moeder om de hoek. Omdat zijn vader vier of vijf jaar geleden is overleden, heeft hij behalve zijn moeder geen familie in Nederland, in tegenstelling tot mij. We willen dicht bij haar blijven. Zij wil niet bij ons komen wonen, dat vindt hij ook prettig. Mij maakt het niet uit.

En jullie kunnen je kind naar haar toebrengen?
Ons kind is het eerste jaar dag en nacht thuis geweest. Oma kwam elke dag naar ons toe. Dat was gemakkelijk voor ons en zij vond dat prettig, want alles was thuis, zoals het bedje en de box. Dus de baby hoefde 's ochtends niet de kou in om weggebracht te worden. Ons kind is daardoor verwend, nu al. Ik had het er moeilijk mee om mijn kind af te staan, dus het eerste jaar wilde ik dat ze ook echt thuis was.

Toen ze eenmaal een jaar was, heb ik toestemming gegeven dat ze een nachtje bij mijn schoonmoeder slaapt en een nachtje bij mijn ouders. Nu is ze maandag en dinsdag bij mijn ouders, en woensdag en donderdag bij mijn schoonmoeder thuis.

Dus jij ziet haar alleen het weekend.
Nee, ik zie haar meer. Op maandagochtend brengt mijn man haar naar mijn ouders, want dan ben ik al naar mijn werk. Ze hebben gevraagd of ik 's avonds kom eten, maar dat sla ik af. Ik wil niet bij mijn ouders op visite komen en mijn kind een uurtje zien en dan weer weggaan. Dat sla ik over, dan heb ik tijd voor mijzelf of ik ga met vriendinnen wat doen, of leren. Op dinsdagavond na het werk ga ik wel bij mijn ouders eten, dan neem ik mijn dochter mee en blijft ze thuis slapen. Op woensdagochtend haalt mijn schoonmoeder haar op en dan is het hetzelfde verhaal: ze is woensdag de hele dag daar en blijft er slapen, en ik haal haar donderdagavond weer op, daarna ben ik vrij.

Zo combineer jij het moederschap met je werk bij de bank?
Ja, je hebt daar een 36-urige werkweek, dus ik werk de ene week vier en de andere week vijf dagen. Maar omdat ik nu

zwanger ben van mijn tweede kind heb ik ouderschapsverlof opgenomen, dus ik ben elke vrijdag vrij. Zo ben ik drie hele dagen, van vrijdag tot en met zondag, met mijn kind.

We hebben nu een moeder op kantoor die net een maand geleden weer is gaan werken, zij vindt het bijzonder dat ik mijn kind twee nachten bij iemand anders laat slapen. Maar ja, het zijn opa's en oma's, dus familie. De ene oma woont op vijf minuten loopafstand en de andere oma op vijf minuten rijafstand. Ik kom moe thuis van mijn werk en moet er weer vroeg uit, en 's ochtends om zes uur wil mijn kindje nog een fles. Dus wat dat betreft ben ik blij dat ze doordeweeks bij haar oma's is.

Wat zijn jouw talenten?

Mijn sterke punten zijn dat ik open ben en gemakkelijk communiceer. Ik kan me meestal goed inleven in mensen, het maakt niet uit met wie ik aan tafel zit.

Je bent goed met mensen?

Ja, dat moet je wel zijn in dit werk, en daarbuiten ook, natuurlijk. Ik heb constant met mensen te maken. Het is niet zo dat ik de hele dag achter de computer zit en niemand zie of hoor.

En natuurlijk zijn er nog de sterke punten die je op je cv zet, bijvoorbeeld dat ik goed kan organiseren, maar ik zie dat niet als een talent, dat kan ik gewoon.

En hoe komt het dat je bij een bank werkt, is dat iets wat je graag wilde?

Nee, als iemand mij dat tien jaar geleden had gezegd, had ik geantwoord: 'Echt niet, ik bij een bank?'

Ik wist niet goed wat ik wilde en ben van het een in het ander gerold. Ik ben commerciële economie gaan studeren, omdat je daar veel kanten mee op kunt. Na mijn HBO-studie ben ik bij een telecombedrijf gaan werken in de buitendienst. Dat vond ik leuk, het is sales en commercieel. Maar het bedrijf ging reorganiseren en voordat ik te horen zou krijgen: 'Je moet eruit omdat je er als laatste bij bent gekomen', ben ik ander werk gaan zoeken. Er werden sales trainees bij een bank gezocht, en ik dacht: dat ga ik doen, wie weet wat er gebeurt. En zo ben ik bij een bank terechtgekomen. Ik heb zo'n twee jaar lang interne opleidingen gevolgd om bij een bank op de particuliere sector te kunnen werken. Na twee jaar dacht ik: dit werk is niets voor mij. Maar het bleek aan de organisatie te liggen. Toen heb ik bij de Rabobank gesolliciteerd. En dat is zo'n andere organisatie dan die waar ik vandaan kwam. Het werk is leuk, en het is een organisatie waar ik bij pas en die bij mij past. Alleen wil ik nog verder, ik wil dit niet nog vijf jaar doen: accountmanager private banking. Ik wil graag een leidinggevende functie.

Op den duur zal ik keuzes moeten maken. Mijn prioriteiten gaan nu uit naar mijn gezin. Een kind op de wereld zetten is zo gedaan, maar alles eromheen kost tijd, het kost energie, je bent verantwoordelijk. Je bent zo een jaar ertussenuit met alles ervoor en erna. En als je er een jaar uit bent, kun je niet groeien in je werk.

Maar goed, dat kan daarna toch wel?
Ja precies, en daarom heb ik er bewust voor gekozen: ik wil nu een kind, wij wilden graag een tweede. Dus zodra het kon voor ons gevoel, wilde ik weer zwanger worden, zodat er niet een te lange tijd tussen zit.

En nu ben je weer zwanger?
Ja, er zit precies twee jaar tussen. Straks ben ik tweeëndertig en kan ik verder aan mijn carrière werken. Ik heb ook klanten zoals u, die het net zo hebben gedaan als ik: eerst het gezin en dan een carrière.

Ik zie ook vrouwelijke collega's van mijn leeftijd die niet getrouwd zijn en geen kinderen hebben, die zijn bijvoorbeeld al manager. Maar zij gaan daarna nog trouwen en eventueel een gezin starten.

Dus jij hebt een goede keuze gemaakt, en alles wat je tot nu toe hebt geleerd, pakt niemand van je af.
Ja, straks zal niets mij nog in de weg staan. Kinderen krijgen is niet zomaar iets. Het moet ook lukken en kunnen, en God moet het je gunnen. Dus daar kun je niet te lang mee wachten.

Ben jij religieus, wil je daar iets over vertellen?
Ja, ik ben alleen niet praktiserend. Ik ben moslim, maar ik ga niet vijf keer op een dag bidden. Ik zeg niet op mijn werk bijvoorbeeld: 'Mevrouw Blok, ik moet nu bidden, want het is tijd voor mijn gebed.'

Maar ik geloof wel in Allah, dat betekent eigenlijk gewoon 'God'. En ik ken de vijf zuilen die in de Koran staan, maar ik volg ze niet allemaal op. Ik draag geen hoofddoek en ik drink ook af en toe een wijntje. Mijn ouders – en dan kom ik weer op de vooruitstrevende ideeën van hen – hebben mij het geloof bijgebracht. Maar ze hebben altijd gezegd: 'Je gelooft híer, in je hart, en niet voor de buitenwereld'.

Ik vind dat ik een gelovig mens ben. Ik noem mezelf weleens gekscherend een 'huis-tuin-en-keukenmoslim'. Ik doe mee aan wat voor mij haalbaar is.

Ik denk dat dát is wat God wil.
Ik leef natuurlijk in een andere maatschappij. Als ik bijvoorbeeld zou leven in Turkije, of in Irak of Iran, waar het moslimgeloof sterk is, dan zou het gemakkelijker zijn om te bidden en te vasten, want ze weten daar niet anders. Maar ik kan dat hier niet doen.

Het spreekt mij aan dat je God in je hart draagt. Hij is bij jou. Dan hoef je niet vijf keer per dag te bidden, maar misschien doe je het wel vaker, omdat je eraan denkt.
Ja, als ik een belangrijke dag heb of ik heb een examen, dan doe ik een gebed, ik praat met God. Wat is moeilijker: geloven of niet geloven? Als je gelooft, heb je een houvast. Iemand die niet gelooft, kan eerder in een zwart gat terechtkomen.

Ik denk ook dat het een toevoeging is in je leven, als je gelooft.
De een doet er meer mee dan de ander. Het frustreert mij wat er nu allemaal speelt met Wilders en met al die aanslagen. Die aanslagen zijn vreselijk, ze doen het uit naam van het geloof, maar er is geen geloof dat zegt: 'Boor twee vliegtuigen in die torens.'

Maar zoals Wilders het aanpakt... Ik zou graag eens met hem willen praten, als moslim die hier is geboren, goed is geïntegreerd, die hard werkt en bijdraagt aan de maatschappij. Er zitten altijd van die mensen tegenover hem, van wie ik denk: spreken die namens de moslims?

Wat doe jij wanneer je het moeilijk hebt? Iedereen heeft natuurlijk ook hobbels in zijn leven.
Praten. Ik heb gelukkig nog nooit een overlijden van dichtbij meegemaakt, maar dat gaat wel komen, ooit. Wat studie en werk betreft, is het voor mij altijd van een leien dakje gegaan.

De periode na mijn bevalling is voor mij moeilijk geweest, omdat je dan met hormonen te maken hebt. Je leert jezelf op een andere manier kennen. Je wordt een tijger over je kind, die maar niet kan loslaten. Alles moet perfect gaan. En dan moet je weer gaan werken, dat vond ik heel zwaar. Ik deed mijn werk voor mijn gevoel niet goed, ik was geen leuk mens in de omgang. Ik heb mijzelf daaruit weten te krijgen, door veel te praten, vooral met mijn man. Hij is gelukkig heel nuchter en zei: 'Ik weet wel dat jij dit niet bent.'

Hij heeft je echt opgevangen?
Ja. Ik zeg altijd: als je een kind 'neemt' – om het zo maar even te zeggen – om je huwelijk te redden, ben je fout bezig. Je moet juist een kind 'nemen' als je zeker bent van je relatie.

Mijn leidinggevende heeft zelf een dochtertje dat vier maanden jonger is dan mijn dochter, dus zij heeft kort na mij hetzelfde meegemaakt. Ik heb veel met haar gepraat, en op het moment dat zij met verlof was, heb ik met háár leidinggevende gepraat, die net vader was geworden. Ik zat op kantoor met allemaal jonge ouders. Het heeft mij erg geholpen met hen te kunnen praten over wat mij dwarszat.

Toen ik net weer was gaan werken, moest ik een zwaar examen doen, dat heb ik niet gehaald. Dat voelde voor mij als falen, want ik heb altijd alles gehaald.

Ik heb er bewondering voor dat jij er zo over praat. Veel mensen houden zich in, en die worden misschien depressief.

Ja, voor hetzelfde geld had ik er niet over gepraat en had ik er nu nog mee gezeten. Maar dat ligt niet alleen aan mij. Mijn leidinggevende en haar leidinggevende hebben mij daar de kans voor gegeven. Die trokken mij een kamer in en vroegen: 'Sultan, wat is er met je?' En dan barstte ik los. En ook mijn schoonmoeder is een geduldig iemand, dus ik heb een aantal mensen om mij heen die mij steunen, zowel privé als op mijn werk. Dat maakt het overigens moeilijk om te zeggen: 'Ik ga weg hier'.

Waarom zou je?

Er is weleens een gelegenheid om weg te kunnen. Onlangs kon ik bijvoorbeeld bij een bank in IJmuiden werken, dat zou natuurlijk heerlijk zijn. Maar ja, ik heb het hier zo fijn met mijn collega's... En dan zegt mijn leidinggevende: 'Sultan, wij zijn niet blijvend, houd daar wel rekening mee, kies voor jezelf.'

Ja, stap voor stap.

Zo is het. Verder heb ik gelukkig nog geen nare dingen meegemaakt. In mijn puberteit mocht ik bijvoorbeeld niet naar een concert, en ik ben ook wel verliefd geweest zonder dat ik daar respons op kreeg. Ik heb ruzies met mijn ouders gehad... Maar dat zijn dingen die erbij horen, daar heb ik geen trauma's aan overgehouden. Ik besef goed dat ik van geluk mag spreken.

Dat maakt jou wie je bent, dat, en je houding.

Ik hoop dat mijn kinderen dat ook zullen krijgen.

Dat zal vast wel, met jou als moeder.

Ja, maar er zijn ook genoeg invloeden van buitenaf die je zelf niet kunt beheersen. Laatst keek ik bijvoorbeeld naar Het zesde zintuig, dat programma met Robert ten Brink, waarin hij onopgeloste zaken aan mediums voorlegt. Die uitzending was gewijd aan een meisje dat op zes-/zevenjarige leeftijd was ontvoerd. In die tijd was ik ongeveer vijf. Ik kan mij dat nog goed herinneren, want wij mochten dagenlang niet het huis uit. Die ontvoering was zo'n vijfentwintig jaar geleden, en het is nog steeds niet duidelijk wat er is gebeurd.

Onlangs waren ze in IJmuiden om *Het zesde zintuig* te filmen. En dan denk ik bij mezelf: ik had ook dat kind kunnen zijn. Dat zijn dingen waarvoor ik bang ben. Laat zoiets alsjeblieft niet in mijn omgeving gebeuren. Mijn man zegt dan: 'Sultan, je hebt geen leven als je zo gaat denken'.

Zoiets komt gelukkig niet zo vaak voor.

Nee, maar het houdt je wel met beide benen op de grond, niets is vanzelfsprekend. Daarom ben ik zo blij dat ik niet ziek ben, dat mijn kind gezond is. Natuurlijk heeft iedereen zijn moeilijkheden en maak je dingen mee. Maar dat hoort bij het leven.

Heb jij een boodschap voor andere vrouwen?

Besef wat je hebt.

En niets is vanzelfsprekend, dat vind ik ook een mooie boodschap.

Wees gelukkig met wat je hebt. Ik houd niet van mensen die altijd maar denken dat het gras groener is bij de buren. Natuurlijk kan het altijd beter. Ik zou ook wel € 100.000 in plaats van € 50.000 per jaar willen verdienen, ik noem maar wat. Maar ik heb een dak boven mijn hoofd, ik heb een gezond kind en een tweede kind op komst, en ik heb een fijn huwelijk.

Ik moet ook aan het eind van de maand rond zien te komen. Het frustreert mij weleens als je mensen om je heen ziet, die alleen maar meer willen hebben en alleen maar verder willen komen. Natuurlijk wil ik ook verder komen, maar het zal niet mijn gemoedsrust verstoren.

Suzy Blok

'Geloof in jezelf, werk hard en zet door…
je zult je dromen waarmaken!'
– Suzy Blok, 1 januari 1963, Bogota, Colombia

Suzy is mijn jongste zus en ik ken haar bijna mijn hele leven. Ik was twaalf toen ze geboren werd. Mijn moeder was al in de veertig en dacht dat ze in de overgang raakte. Maar toen ze bij de dokter kwam, zei hij: 'Nee mevrouw, u bent niet in de overgang, u bent zwanger!'

Suzy werd op nieuwjaarsdag geboren en mijn vader belde ons vanuit het ziekenhuis om te vertellen dat wij er een zusje bij hadden. Wij mochten haar naam uitkiezen. Het werd Suzanne en later Suzy. Wij waren blij met haar komst. Het was een prachtige baby met zwart haar.

Vanaf het moment dat mijn moeder met Suzy thuiskwam, werden mijn zusjes en ik haar drie nieuwe moeders. Wij gaven haar de fles en konden er niet tegen als ze huilde. Op een bepaalde manier werd ze door vier vrouwen opgevoed, haar moeder en drie oudere zussen. Ik zal nooit vergeten dat ze nog geen tien jaar was en een van de hoofdrollen kreeg in de musical Jezus Christ Superstar. Ze speelde Maria Magdalena. Thuis waren wij haar publiek. We vonden het prachtig als ze met een doek over haar hoofd als Maria Magdalena zong: 'I don't know how to love you.'

Suzy wilde arts of danseres worden. Ze werd uiteindelijk danseres en danschoreografe. De prachtige dansstukken die ze als dansfilm of voorstelling regisseert, hebben een helende werking op diegene die ze ziet. Ze weet genezing en inspiratie uit te drukken in haar werk. De pijnlijke momenten van ons bestaan en ook de grote vreugde ervan, beide worden bij Suzy in creativiteit omgezet, in dans.

Ik bewonder ook de liefdevolle manier waarop Suzy haar werk combineert met haar gezin, haar echtgenoot Pierre en zoontje Sol. Ondanks haar drukke dagen vindt ze tijd om samen te zijn met de mensen van wie ze houdt. En wat ik bijzonder vind: ze is er dan echt voor je.

Suzy, je hebt de ondraaglijkheid van het bestaan voor velen lichter gemaakt. En dat siert je.

Patricia Blok in gesprek met Suzy Blok

Een van de inspiraties en het idee achter dit boek is de filosofie van mijn leven. Dat wij vrouwen als een ruwe diamant zijn. Door de keuzes die wij maken, slijpen wij deze diamant en maken hem tot een juweel.

Ik heb vrouwen gekozen die mij inspireren en dat is een specifieke keuze. Jij bent mijn jongste zus. Ik ben altijd erg trots op je geweest. Je bezit een bijzondere combinatie van talenten en eigenschappen. Dat geldt voor iedereen, maar niet iedereen doet er iets mee op een manier die een voorbeeld kan zijn voor anderen. Jij en ik schelen twaalf jaar, we hebben dezelfde ouders, maar zijn in een andere fase van hun leven geboren. Ik was het eerste kind, jij het jongste. Ik ben nieuwsgierig hoe jij bepaalde gebeurtenissen uit onze jeugd hebt ervaren. Ik vermoed dat er veel raakvlakken zullen zijn, maar ook verschillen.

Ik weet bijvoorbeeld nog de eerste keer dat wij met de hele familie naar Europa kwamen. Jij was nog maar twee jaar. Onze ouders hadden besloten met z'n tweeën door Europa te reizen en ons in Noordwijk bij een Engelse aupair in een appartement achter te laten. Wat wij niet wisten, is dat zij ook van plan waren jou naar een soort vakantiehuis voor kinderen te brengen: het Hans Brinker huis. Wij reden met zijn allen in onze nieuwe Mercedes Benz en plotseling stopte de auto voor de deur. Jij zat bij mij op schoot. Toen wij beseften dat ze van plan waren jou daar achter te laten, begonnen Diana, Monica en ik vreselijk te huilen. Het plan ging gelukkig niet door. Wij hadden met z'n vieren een hechte band. En dat is altijd zo gebleven.

Kun je mij iets vertellen over jezelf als kind en hoe jij de omgeving waarin wij zijn opgegroeid, hebt beleefd?

Mijn omgeving voelde als beschermd en ja, ook wel warm. In mijn beleving voelde ik me als kind verantwoordelijk, misschien wel te verantwoordelijk. Maar daarin werd ik erg beschermd. Ik kan mij herinneren dat Mut* altijd zei: 'Geniet nou maar, je hebt nog geen problemen, je weet niet wat problemen zijn.' Daar was ik het niet mee eens. Daar werd ik niet in begrepen. Het was een beetje... wat moet ik erover zeggen, jij weet het. Het was een rijke omgeving.

In welke zin rijk?

In de zin dat we alles hadden, materieel rijk. We reisden veel, want dat materiële gaf meer mogelijkheden om dingen te doen. Europa vond ik als kind spannend, maar ook bijvoorbeeld dat we zoveel mogelijk de stad uit gingen. In Guatemala gingen we naar het strand. En in Mexico probeerden we, hoewel we in de stad woonden, zoveel mogelijk in de weekeinden de natuur in te gaan.

Ik ben in Colombia geboren en op mijn tweede naar Guatemala verhuisd. Van Colombia weet ik niets meer. In 2006 ben ik daar terug geweest. Van Guatemala heb ik wel veel herinneringen. Dat is echt mijn vroege jeugd. Daar had ik leuke vriendinnetjes en het was gezellig. We gingen altijd naar de Country Club, daar heb ik leren zwemmen.

Ik heb drie oudere zussen, dat was gezellig. We hadden ook altijd mensen over de vloer. Ik was een nakomeling en ik was in die tijd niet echt vriendinnen met mijn zussen, want ze waren veel ouder dan ik. Maar ik kon wel met ze spelen. Ik ging

---

*De naam die wij voor onze moeder gebruikten.

vaak bij vriendinnen logeren. Ik speelde graag met auto's of in de tuin, heksensoep maken en dat soort dingen. Dat deden we veel toen ik klein was.

Vlak voor mijn achtste zijn we naar Mexico verhuisd. Dat was een moeilijke tijd, vooral in het begin. Voordat we een huis vonden in Mexico-Stad, logeerden we in een hotel, het London Suite. Toen ik eenmaal naar school ging in MexicoStad, was het helemaal niet leuk. Ik had geen vriendinnen en werd gepest. Ik kende niemand en ze wilden mij niet accepteren omdat ik nieuw was. Ik begon in januari, dus halverwege het schooljaar, en iedereen had al vriendjes gemaakt. Ik weet ook nog dat ik niet mee mocht spelen met de meisjes, daar was ik verdrietig over en ik moest vaak huilen. Toen zei jij: 'Je moet zeggen dat je wel mee mag spelen, anders ga je naar de juf.' Maar ik durfde dat de volgende dag niet en ik moest weer huilen. Toen werd je een beetje boos en zei: 'Je moet het zeggen, anders doe ik het.' En ik zal het nooit vergeten: de volgende schooldag tijdens de pauze zeiden de meisjes weer: 'Nee, je mag niet meespelen'. Toen voelde ik het bloed naar mijn hoofd stijgen en mijn hart klopte in mijn keel. Ik hoorde of zag niets meer, maar ik heb het wel uit mijn mond gekregen: 'Ik mag wél meespelen, anders ga ik naar de juf toe.'

En wat gebeurde er?

De andere meisjes waren zo verbaasd, vooral Kathy, dat was volgens mij een beetje de leidster van de groep. Ze zei: 'Nou, dan speel je toch gewoon mee!' Zo simpel was dat dus.

Wat grappig, ik kan mij daar helemaal niets van herinneren.

Voor mij was het 'het slijpen van de ruwe diamant'.

Dat is moeilijk en moedig van je. Je moest tegen de hele groep in. En dat is niet niets!

Het was als een grote steen, een gigantische hobbel waar ik overheen moest. Ik moest die moed bij elkaar rapen. En toen ging het goed.

Een paar weken later kwam er een nieuw meisje op school, Hillary Hynes. Zij werd mijn allerbeste vriendin, jarenlang. Nog steeds heb ik af en toe contact met haar. Toen werd Mexico ook een leuke tijd met veel goede vriendinnen. Ook na Hillary, want zij moest op een gegeven moment naar een kostschool in Ierland, de Marymount School. Daar was ik verdrietig om, maar toen kreeg ik weer andere vriendinnen, zoals Barbara.

Mexico was voor mij ook een belangrijke tijd omdat jullie, mijn zussen, na een aantal jaren weggingen.

Ja, wij gingen het huis uit.

Ver weg, naar Nederland. Eerst ging Monica en daarna jij. Dat was een andere fase, ik was twaalf jaar. Toen was ik enig kind als het ware. Niet echt natuurlijk, maar ik was vanaf dat moment wel veel alleen. Toch was dat ook een leuke tijd. Dat was eigenlijk mijn Mexicaanse jeugd, zo zie ik het.

Hoe oud was je toen je naar Nederland kwam?

Ik was dertieneneenhalf.

Wat jong eigenlijk.

Ja, in Nederland heb ik een moeilijke tijd gehad. Het duurde nog veel langer dan in Mexico voordat ik mij daar thuis voelde.

We spraken allemaal geen Nederlands.

Nee, ik sprak geen Nederlands. De jongens vonden mij wél mooi. Ik had lang donker haar, tot aan mijn taille bijna.

Dat viel in die tijd op in Nederland?

Ja, en ik droeg ook schoenen met hakken. Ik was in Mexico al meer volwassen geworden dan de meisjes van dertien hier. Het is een andere cultuur. Ik ging daar al met jongens om en ik zoende. Het is daar de gewoonte om op de wang te zoenen als je iemand gedag zegt. In Nederland werd ik meteen als hoer, slet betiteld. Ik werd vreselijk gepest, door alle meisjes. Alle jongens van de klas en ook veel van andere klassen waren verliefd op mij, terwijl het een grote school was, iets van twaalfhonderd leerlingen.

Leuk.

Ik vond dat helemaal niet leuk. Ik wilde gewoon een goede vriendin, ik was nog te jong voor een vriendje. Het was een vervelende tijd. Ik vond haatbriefjes in mijn jassen, met teksten als: 'Indiaan, ga terug naar je land.'

Echt waar? Dat heb ik nooit geweten. Ongelofelijk.

Echt vreselijk. Geen enkel meisje wilde met mij praten. In de pauze was ik alleen in de klas, dan ging ik naar buiten en kwamen er wel tien jongens om mij heen staan.

Geen wonder dat de andere meisjes zo jaloers waren.

Het werd alleen maar erger. Ondertussen moest ik ook Nederlands leren en moest ik hard werken. Ik ging ook naar balletles, dat vond ik wel leuk. Ik begon in september met school. Ik volgde wat ik kon. Uiteindelijk ging het goed en mocht ik in januari naar de tweede klas atheneum, waar ik eigenlijk hoorde.

Op een gegeven moment kwam er een ander meisje op school. Haar ouders waren ook diplomaten, net als de mijne. Ze kwam net terug uit Canada. Zij was al eerder op die school geweest, ze was een jaar weggeweest. Dat meisje zei tegen de andere meisjes: 'Ze valt wel mee.' Vanaf dat moment kreeg ik langzaam aan wél vriendinnen. Maar ik heb mij lang een buitenstaander gevoeld in Nederland.

Wat inspireert jou, hoe vind jij inspiratie?

Meestal door mensen, door hun eigenaardigheden. Mensen die uit de pas lopen, of wat hen slijpt, zoals jij zegt over de ruwe diamant. Daar heb ik een keer een voorstelling over gemaakt. Het ging over keerpunten. Situaties waarin een ommekeer in je leven plaatsvindt. De voorstelling heette: *Looking Up at Down.*

Dus over uitzonderlijke mensen of mensen die een beetje anders zijn?

Nee, niet zozeer over mensen die anders zijn, maar over het eigenaardige in de mens, wat eigenlijk iedereen heeft op een andere manier.

Wat mij ook inspireert, is de maatschappij: dingen die gebeuren, dingen die mogen of niet mogen, taboes.

Dus taboes doorbreken.

Ja, ik vind het interessant om producties te creëren die met het nu te maken hebben. Met herkenbare situaties van nu. Ik zal niet zo snel een klassieker maken volgens de regels, zoals het hoort. Ik zal het altijd naar het nu verplaatsen.

Want nu ben je choreografe geworden. Eigenlijk ben je dat altijd al geweest. Kun je omschrijven wat jouw talenten zijn?

Ik heb veel doorzettingsvermogen. En ik houd van dingen. Talent vind ik een moeilijk woord, want het lijkt alsof je dat gewoon hebt, daar geloof ik niet in. Ik geloof wel dat je aanleg voor iets hebt, maar je moet er altijd wat voor doen. Het begint ermee dat je iets erg leuk vindt, maar daarna is het hard werken om er wat mee te kunnen bereiken.

Daar ben ik het helemaal mee eens.

Als je er niets mee doet, is je talent onzichtbaar.

Precies, dat is een belangrijke opmerking. Je moet eraan werken, je diamant slijpen om hem mooi en zichtbaar te maken.

Mijn talenten zitten daarin: in het doorzetten, maar ook in het iets willen. Daarin kun je je talenten aanboren en ontdekken.

Juist, in iets willen, zit een talent. Het begint met een verlangen. En het is het verlangen dat je draagt en meevoert bij het bereiken van je dromen. Hoe heb jij ontdekt wat jouw talenten waren?

Al doende. Met dansen dacht ik altijd: het is mijn hobby. In de periode dat ik in Den Haag op een school zat waar ik hard moest werken, ging ik ook naar dansles. Pas toen ik vier avonden in de week naar die dansschool ging, merkte ik dat ik dansen heel erg leuk vond. Het doet iets met je, je verliest jezelf, of je komt in een andere sfeer. Ik kan omgeven worden door dans en muziek, de bewegingen, dat fysieke.

Je verliest jezelf, je raakt in vervoering van iets en het neemt je mee.

Daar geniet ik van, en ik moet er hard voor werken. Want dansen is ook veel aan je techniek werken en eindeloos herhalen. Dat vond ik blijkbaar leuk.

Wat je zegt, is belangrijk: techniek en eindeloos herhalen, dát leidt tot meesterschap. Steeds beter worden in een vak, in jouw geval dans.

Ja precies, met dansen. Elke dag doe je al die oefeningen. Het zijn niet elke dag precies dezelfde oefeningen, maar het gaat erom jezelf te verbeteren. Door herhaling en oefening komt groei. Dat gaat niet vanzelf, in ieder geval niet met mijn soort dans, met professionele dans.

Precies, professionele dans gaat niet vanzelf. Dat geldt voor alles wat je professioneel doet.

Ook met mensen omgaan en samenwerken. Ik kan via het dansen bepaalde eigenschappen uit mensen halen. Ik kan hun talenten naar voren brengen, dat is altijd leuk.

Dat is ook een gave, vandaar dat je nu choreografe bent. Je hebt de leiding in een stuk. Jij maakt het tot wat het wordt. Natuurlijk weet je dan alle talenten van de dansers bij elkaar te brengen en te combineren tot een nieuw geheel.

Ja, dat vind ik leuk bij het dansen, om mensen uit hun schulp te trekken, om uit te dagen, om verder te gaan.

Vertel eens over je belangrijke overwinningen.

Jeetje... Het was een grote overwinning om toch een plek te krijgen in Nederland, daarover heb ik net verteld. En het was ook een overwinning om voor het dansen te kiezen, dat was niet gemakkelijk. Ik dacht dat ik het nooit zou halen, omdat ik niet de goede bouw heb. Maar toen werd ik aangenomen op de twee academies waar ik auditie had gedaan. Daar was ik verbaasd over, maar ik dacht: ik word er vast over een jaar afgetrapt. Ik had gehoord dat de helft van de leerlingen door mocht na een jaar, en de andere helft niet. Ik mocht blijven en dat was een echte overwinning.

En je hebt de opleiding afgemaakt?

Ik heb het helemaal afgemaakt, dus ik heb zoveel overwinningen. Ook elke keer als ik een stuk maak, is een overwinning. Stukken maken heb ik twintig jaar gedaan, non-stop eigenlijk. En elke keer denk ik weer: hier moet alles in, want dit is misschien de laatste keer.

Dat herken ik ook van elk boek. Dat is ook wel goed, want dat maakt dat je al je passie erin gooit. En daarna moet je ervan bijkomen tot je weer nieuwe inspiratie hebt.

Maar ik heb ook bewondering voor mensen die voor één aspect kiezen en de rest eruit laten, ze onderzoeken hoe het is om een stuk zonder muziek te doen bijvoorbeeld. Dat vind ik moeilijk. Ik heb dat wel als oefening gedaan, maar nooit als theaterproductie. Dat zit gewoon niet in me.

Dat is experimenteren.

Experimenteren, maar dan één ding tegelijk. En dan met die kennis het volgende. Zo kun je ook vooruit denken, bijvoorbeeld dat je zegt: ik wil over vijf jaar daar uitkomen en dat ga ik zo opbouwen. Dit jaar ga ik alleen dit stukje uitwerken en volgend jaar doe ik dat stuk. En over vijf jaar heb ik alles bij elkaar, dan is het een meesterwerk.

Als buitenstaander gezien, vind ik dat je dat wel doet. Eerst met de dansopleiding, toen dansen in een groep, en vervolgens heb je een eigen groep gevormd. Je bent choreografe geworden van je eigen dansfilms, en nu van je eigen dansstukken. Nu maak je werk voor anderen, waarin anderen dansen en/of zingen. Dus op een andere manier heb je het wel gedaan.

Als je het zo bekijkt wel. Ik heb mij wel geconcentreerd op verschillende aspecten.

En je gebruikt vaak verschillende aspecten in één stuk. Dus alles wat je leert, wordt elke keer groter en beter.

Ja, eigenlijk kan ik het wel, misschien de laatste jaren wel meer. Als je het zo ziet, is dat ook een overwinning. Bijvoorbeeld bij *Ja zuster, nee zuster*, of bij de televisieserie over Annie M.G. Schmidt, kan ik goed loslaten wat ik zelf anders zou doen, omdat het zo'n grote productie is. Mijn werk is maar één aspect van het werk van een grote groep mensen. Voor de dansscènes ben ik het belangrijkste aspect, maar voor het totaal ben ik een van de elementen.

Is dat een danschoreografie voor film of televisie?

Het was een danschoreografie voor een drama televisieserie, met af en toe dans erin. Dat vond ik een grote uitdaging, en ik kon het iets afstandelijker bekijken. Gewoon doen wat ik moest doen. Een groter geheel dienen.

Jouw deel doen. Dat is mooi: jouw stuk is een deel dat een groter stuk dient. Je wilt een mooi aandeel leveren dat verbonden is met de rest, dat is een grote uitdaging.

Ja, dat is ook een overwinning. Iets maken is altijd groot, ook al lijkt het niet zo voor een buitenstaander. Een voorstelling maken, is een grote verantwoordelijkheid. Het kost geld. Uiteindelijk moet het goed zijn. Het moet de moeite waard zijn.

En die verantwoordelijkheden neem je, dat is ook de uitdaging. Niet iedereen durft zo'n grote verantwoordelijkheid aan. Je bent nu choreografe, meer de leider. Vroeger was je een deel van het geheel, zoals in die periode van Blok & Steel. Zie je verschillen tussen vroeger en nu in de wijze waarop je je talenten gebruikt? Heb je gaandeweg nieuwe talenten ontdekt van jezelf?

Ik ben begonnen met zelf dansen en zelf iets maken. En toen, na vier of vijf jaar, ben ik samen met Christopher Steel gaan werken. Acht jaar lang hebben we bijna alles samen gedaan, we waren een dansduo en hadden samen een groep. Het was een creatieve periode.

Het was spannend om daarna weer alleen verder te gaan. We zijn als duo opgehouden, omdat de samenwerking geen vruchten meer afwierp. We moesten onze eigen weg kiezen, en dat was een moeilijke scheiding. Eerst in de relatie en een paar jaar daarna in het werk. Dat was spannend: Wat ga ik dan maken? Wat is echt van mij?

Toen kwam *Looking Up at Down*, over keerpunten in je leven. Een productie met Alexander Balanescu, een wereldviolist, en met vier dansers en livemuziek. Dat was enorm uitdagend om te maken.

Om antwoord te geven op je vraag: ik ben steeds zelfstandiger geworden en ik heb beter leren schrijven en beter leren verwoorden. Ik heb meer voor mezelf leren opkomen. Dat is een doorgaand proces, want het zit niet helemaal in mijn natuur. Het is iets waarvoor ik moet vechten of waarbij ik mijzelf moet realiseren. Ik werk eraan.

Het blijft een uitdaging om voor jezelf op te komen. Dat herken ik, en ik ben zestig geworden.

Dat zal blijven, denk ik, maar het wordt beter.

Het is leuk om nu mijn kennis aan jongere choreografen door te kunnen geven, dat is inspirerend. Bij het productiehuis Dansmakers Amsterdam werk ik nu als dramaturg, coach, programmeur en artistiek coördinator.

Wat zijn je dromen voor de toekomst en wat wil je nog graag bereiken?

Ik wil met mijn werk graag doorgaan op de lijn waar ik nu zit. Het samenstellen van bijzondere programma's, zoals *I Like To Watch Too*. Dat is ook een groot keerpunt geweest, het feit dat ik die kans kreeg.

Wil je daar meer over vertellen?
I Like To Watch Too is een bijzondere performance, een minifestival. Het is een programma dat gedurende twee dagen plaatsvindt in Paradiso, in Amsterdam. Alle ruimtes van het gebouw worden benut. Ik breek met alle klassikale tradities. We gebruiken het podium voor in de zaal, maar ook de podia aan de zijkant en aan de achterkant, en zelfs de balkons. Het is heel dynamisch. Eigenlijk is het één grote compositie, die ik met stukken van anderen maak.

Dus dat is een groot evenement?
Ja, heel groot. Het is leuk omdat je creatief moet zijn en goed moet kunnen communiceren met de mensen, de makers. Want ze moeten soms dingen doen, zoals hun stukken inkorten, of ze aan de ruimte aanpassen. Dat moet je bespreken met de kunstenaars, die natuurlijk vinden dat hun kunstwerk goed is zoals het is. Maar meestal lukt het om ze enthousiast te krijgen en hun stuk aan te passen aan dit programma. En dat is erg leuk, de mensen zijn achteraf ook enthousiast. Het samenstellen van zo'n programma vind ik bijzonder. Het coachen van anderen en het zelf maken. Ik wil graag zelf blijven maken, maar niet zoals vroeger, toen ik twee grote stukken per jaar deed. Dat wil ik niet meer, dat is te veel.

Ja, want je hebt ook nog een man en een zoon.
Ik heb ook nog een man en een zoon. Maar af en toe, als ik echt vind dat iets gemaakt moet worden, dan wil ik dat ook doen. Dat was bijvoorbeeld met *Rite fan Wetter*, de riten van het water, twee jaar geleden op een meer in Friesland. Een grote locatievoorstelling op het water, met zeven dansers en zeven muzikanten.

Die voorstelling was bijzonder. Een soort opera was het eigenlijk, een dansopera op een meer in Friesland. Ik ben blij dat ik die heb gezien.

Komende zomer ga ik een film maken. Ik maak dan de choreografie voor een film van Noud Heerkens, met Ton Lutgerink in de hoofdrol. Hij is nu vierenzestig, een bijzondere danser, die invloedrijk voor de Nederlandse dans is geweest. Hij is de eerste danser die tekst met dans begon te mixen, 'de denkende danser'. Een leuke man ook.

De film gaat over de vergankelijkheid van het lichaam, de tijd en het doorgeven van dans. Die twee thema's lopen parallel. Er doen veel mensen mee met wie Ton eerder heeft gewerkt: bekende acteurs en dansers, componist Harry de Wit en muzikanten. Een grote crew. Er wordt niet gesproken in de film. Het wordt een film van dertig minuten zonder tekst, dus zonder dialoog. Alles is in beweging, dans en muziek, heel bijzonder.

Ik ben benieuwd, ik kijk ernaar uit. Ik heb natuurlijk veel van jouw werk gezien, het is altijd mooi. Ik ben een fan.

En verder is natuurlijk mijn grote droom voor de toekomst om veel mee te kunnen maken van Sol, mijn zoon. Hij is net zeven. En hij is veel aan het dansen. Niet dat ik per se wil dat hij danser wordt, maar het is wel leuk.

Heb je een boodschap voor andere vrouwen of mannen? Wat zou je willen doorgeven aan anderen?

Het is belangrijk om in jezelf te geloven. Laat je niet te snel opzijzetten. Iedereen heeft iets te vertellen. Je moet er soms een beetje voor vechten. Anderen vinden het vaak moeilijk om jouw standpunt, als dat anders is, te accepteren. Het komt ze misschien niet goed uit. Mensen willen je soms kleineren of geen ruimte geven. Als je denkt: dat wil ik toch echt doen! moet je in jezelf geloven.

---

*Helaas mocht Ton Lutgerink de première niet meer meemaken. Een maand daarvoor overleed hij.

Niet iedereen hoeft een kunstenaar te worden, zeker niet. Maar durf uit te komen voor datgene wat je wilt doen of zijn, ook als je moeder wilt zijn. En ga niet te snel in het gareel lopen, als de maatschappij iets anders van je eist.

En wat is jouw geheim om dit te bereiken en te kunnen?

Ik ben een harde werker. Het is gewoon doorzetten. Je moet ook begrijpen dat je in je eigen tempo moet gaan. Soms kun je denken: wat doe ik hier toch lang over. Maar sla je er gewoon doorheen en doe het zoveel mogelijk op je eigen manier, in je eigen ritme.

Laat je niet opjutten.

Precies, laat je niet opjutten omdat alles snel moet. Je moet het toch doen, ook al wordt het nachtwerk. Ga het tóch aan.

Soms moet je ergens langer over doen. Dat heb ik zelf ook gemerkt, dat het moeilijk is om de tijd voor dingen te nemen. Soms moet je dan eerder beginnen. Als je weet dat je iets wilt maken wat goed is, moet je er de tijd voor nemen. Het kost tijd.

Ja, dat is wat wij van onze eigen vader hebben geleerd. Hij was volgens mij ook zo: niet snel, maar wel grondig. Uiteindelijk wordt het allemaal gedaan en dan snap je het ook helemaal. Dan krijg je er waardering voor, en ik geloof dat andere mensen dat ook inzien.

Sonia Herman Dolz

'Volg altijd je intuïtie!'
– Sonia Herman Dolz, 15 november 1962, Madrid, Spanje

Als ik aan Sonia denk, denk ik aan kleur. Haar moeder, de Spaanse kunstenares Dora Dolz, was een vriendin van mijn zus. Zo leerde ik Sonia kennen. Haar schoonheid is niet alledaags. Haar tengere postuur en mooie blanke huid omhullen een sterke en tegelijkertijd kwetsbare vrouw. Deze combinatie boeide me vanaf de eerste keer dat ik haar zag. Haar passie raakte mij. Vooral hoe ze deze heeft vormgegeven, zowel in haar kunst als documentairemaakster als in haar dagelijks leven. Ik bewonderde haar in haar talent om haar dromen waar te maken.

Toen ik vorig jaar een ochtend bij haar was om haar te interviewen voor dit boek, werd ik getroffen door haar manier van zijn, en hoe ze in het leven staat. In haar huis, net als in haar werk, proef je passie en schoonheid. Ondanks haar drukke carrière als filmmaakster, is haar huis warm en gezellig.

Sonia woont samen met haar twee zonen, uit haar huwelijk met een Afrikaanse man. In de omgang met haar zonen herken ik onmiddellijk mijn eigen LatijnsAmerikaanse achtergrond. De liefde en de banden die daaruit ontstaan, zijn het belangrijkste in het leven.

De eerste documentaire die ik van haar zag, Romance de Valentía *– Romance van moed – gaat over het leven van een jonge stierenvechter, waarbij de stier wordt gespaard. Ik zou Sonia's leven omschrijven als: de romance van de liefde en de moed om haar passie steeds weer in schoonheid om te zetten.*

Patricia Blok in gesprek met Sonia Herman Dolz

Ik heb ervoor gekozen jou te interviewen voor dit boek omdat jij over een mooie combinatie van kwetsbaarheid en kracht beschikt. Die twee eigenschappen zijn bij jou goed in balans. Dat betekent niet dat jouw leven altijd makkelijk gaat, maar je redt het uiteindelijk toch en dat vind ik een mooi voorbeeld voor vrouwen. Je hoeft niet mannelijk te zijn om te slagen in het leven; je kunt ook vrouwelijk en kwetsbaar zijn en daarmee leren omgaan.

Wil je iets vertellen over je leven als kind, hoe ben je opgevoed?

Ik ben met veel liefde opgevoed. Dat is het beste wat je als kind kan overkomen. Mijn jeugd was warm, leuk, inspirerend en vrij. Het probleem is dat er in de loop van mijn leven zoveel mensen om mij heen zijn geweest die géén liefde hebben gekregen toen ze klein waren. Zij gingen zich tegen mij afzetten op momenten die ik niet begrijp. Ik ben geen psycholoog of psychiater, maar langzamerhand begrijp ik dat dat vaak te maken had met gebrek aan liefde in hun vroege jeugd. Maar ja, dan ga ik ver in het interpreteren van andermans leven.

In Nederland heerst de gedachte dat je op een gegeven moment je jeugd of je ouders moet loslaten. Je moet de liefde voor je ouders niet verwarren met afhankelijkheid. Dat is wel een thema waar ik steeds meer mee te maken heb.

Mijn ouders zijn nooit alleen maar ouders geweest. Ze zijn ook mijn meest dierbare vrienden geweest. Mijn moeder is drie jaar geleden overleden. Ze was een vriendin voor mij tot op het moment dat ze stierf. Mijn vader leeft gelukkig nog. Als ik nu problemen heb in mijn relatie, bel ik uiteindelijk toch mijn vader. Hij is misschien vaderlijk bezorgd, maar tegelijkertijd geeft hij respons als vriend, of als iemand die het breder ziet dan alleen maar vanuit de vader-dochter relatie.

Volgens mijn ouders hebben wij die relatie gehad vanaf het moment dat ik kon praten, toen ik twee of drie jaar oud was. En later ook met mijn broertje, die zeven jaar na mij is geboren. Ik ben lang enig kind geweest en mijn ouders waren toen nog jong. Daardoor hebben wij een speciale band.

Mijn ouders hebben elkaar in Spanje ontmoet. Mijn moeder was Spaans. Toen ze net eenentwintig was en mijn vader drieentwintig, werd ik geboren. Het waren zelf ook nog kinderen eigenlijk, die op dat moment al aan het reizen waren en door de wereld zwierven. Uiteindelijk moest mijn moeder haar land en haar familie verlaten om met mijn vader verder te kunnen. Mijn vader kreeg werk in Zuid-Amerika.

Mijn vader is in Peru geboren, hij heeft Tsjechische ouders. Zijn ouders waren in de jaren twintig naar Zuid-Amerika geëmigreerd om fortuin te zoeken, niet om politieke redenen. Op zijn zestiende is mijn vader op de boot gezet en in zijn eentje naar Spanje gegaan om daar te gaan studeren. Toen hij een jaar of negentien, twintig was heeft hij mijn moeder ontmoet. Een paar jaar later zijn ze getrouwd. Toen ik drie jaar was, zijn wij door mijn vaders werk in Nederland terechtgekomen. We waren altijd met zijn drieën, er was altijd lekker eten en er werd gezongen. Ik ken mijn ouders als te gekke mensen en dat hebben ze ook op mij overgebracht.

En hoe vind jij inspiratie voor je werk, je leven? Wat voor dingen inspireren je? Of zijn het innerlijke processen?

Alles inspireert mij. Van een vogeltje dat voorbijvliegt 's ochtends tot jou, jij die nu tegenover mij zit. Er is niet iets specifieks wat mij inspireert. Ik plaats bijna altijd alles wat ik zie in een kader, al sinds ik klein ben. Ik heb een soort grafisch oog. Schoonheid inspireert mij, en extreme lelijkheid ook. Ik word aangetrokken door alles wat mooi is. Dat kan van alles zijn: een vlinder, een muziekstuk, een boek, een tekst, mijn kinderen.

Ik heb twee jongens, een van veertien en een van twaalf. De oudste is nu 1.90 meter en hij ziet eruit als Jimi Hendrix, met een enorme afrolook. Zijn vader is een zwarte Afrikaan en ik ben blank. Die kruising daartussen is een eerste kruising van twee continenten: in zijn familie is nooit een witte vrouw geweest en in mijn familie nooit een zwarte man. Die jongen is op dit moment zo verschrikkelijk mooi! Hij zat laatst in zijn blote bast gitaar te spelen in zijn kamer, hij speelde het nummer 'Manhã de Carnaval', uit de film Orfeu Negro. Maar hij had dat lied eigenlijk nooit eerder gehoord, zijn gitaarleraar leert hem dat. Ik zei: 'Speel het nog eens, dan zing ik het mee'. Zo zat ik mee te zingen terwijl hij die onderlaag van dat lied speelde. Dan smelt ik! Hoe is het mogelijk dat een kind zo'n muzikaal gevoel heeft en er zo mooi uitziet en zo terloops, zonder moeite, dat lied uit zijn hoofd speelt. Een week geleden had hij nog nooit een samba gespeeld... Daar kan ik dan dagen op teren: op dat beeld van hem met die gitaar. Hij speelt een van mijn lievelingsliedjes zonder dat hij dat weet. Ja, mijn kinderen geven mij veel inspiratie.

En inspiratie voor je werk, waar vind je dat? Als je niet geïnspireerd bent, waar zoek je het dan, of zijn er bepaalde tijden wanneer jouw inspiratie komt?

Voor mijn werk is het bijna altijd de vorm die mij op de een of andere manier een kick geeft, maar of dat inspiratie is... Het onderwerp is nooit het probleem. Het onderwerp hobbelt achter de vorm aan. Ik moet eerst een vorm vinden. Vaak komt die als ik onder de douche sta, in één keer zie ik het. Onder de douche vind ik veel inspiratie.

Misschien een moment van ontspanning, loslaten. Ik herken dat ook, met in bad gaan.
Ja, dan heb je de oplossing van een probleem in één keer.

Wil je vertellen over je belangrijkste overwinningen, of een aantal overwinningen in je leven die belangrijk waren?
Er zijn zoveel kleine en grote overwinningen in je leven. Voor mij is elke dag een overwinning! Ik denk elke dag: die dag is weer voorbij, dat hebben we weer gered. Het heeft ook erg met fases in je leven te maken. Als je voor het eerst een film maakt, is dat je grote overwinning. Op het moment dat die klaar is, ben je allang met iets anders bezig. De financiering rondkrijgen voor een film is ook een overwinning.

Ook de tijd dat mijn kinderen klein waren en ik me elke dag zorgen maakte om ze schoon en gepoetst op tijd op de crèche te krijgen en dat ik de nacht weer doorgekomen was, ja, dat voelde ook als een overwinning.

Nu nog is voor mij de dagelijkse gang van zaken de grootste overwinning en niet zozeer de hoogtepunten in mijn leven. Oké, dadelijk dat interview en dan moeten we zo meteen een computer gaan kopen en dan is er vanavond gitaarles en dan moet ik nog boodschappen halen.

Daarnaast zijn er overwinningen waar je op terug kunt kijken: toen heb ik dat gedaan. Bijvoorbeeld de overwinning om dit huis na het overlijden van mijn moeder te kunnen kopen, waar zij geleefd en gewerkt had. Dat besluit nemen, was een grote overwinning.

Want dat heb je alleen gedaan, hè?
Ja, en het feit dat je het huis van je moeder koopt en verbouwt, daar zou ik veel anekdotes over kunnen vertellen!

Voor mij is een overwinning echt het dagelijkse: elke dag weer fijn aan het ontbijt komen en zorgen dat er rust en harmonie in de tent is, terwijl ik eigenlijk een onoverzichtelijk professioneel leven heb. Mijn werk combineren met regelmaat en een goede sfeer in huis.

Mijn moeder zei altijd: 'Als jij op een festival bent, leef je op, dan heb je nergens problemen mee. Maar je dagtaken, dat is het moeilijkst.' Ik heb net een vriendin op bezoek gehad uit India, die is inmiddels tweeënzestig en heeft twee kinderen van zesendertig en dertig. Zij heeft een baan in New Delhi, ze leidt een filmfestival. Ze was voor het filmfestival naar Rotterdam gekomen en heeft negen dagen bij mij gelogeerd. Zij was stomverbaasd over hoe ik leef, want ik doe de boodschappen, ik kook, doe de was, heb één keer in de week een werkster. Zij heeft daar fulltime een kok, een chauffeur, een schoonmaker, en dat alles op veertig vierkante meter, in een appartement. Zij kan niet eens een ui snijden... En daarbij ben ik dan overdag in de studio, ik ben aan het monteren of aan het filmen of kleur corrigeren voor een film, of wat dan ook. En gisteren was ik net klaar met koken toen mijn zoon belde dat hij met een kapotte fietsketting achter het Centraal Station stond. Dan moet ik hem gaan halen en mét die kapotte fiets terug in de achterbak. En ik moet zorgen dat pianoles en gitaarles op tijd worden betaald.

Het is bewonderenswaardig dat het je lukt.

Soms heb ik het idee dat ik mijn werk tussendoor doe. Dan zeggen mensen: 'Meid, dan neem je toch een afhaalmaaltijd', maar nee, dat kan ik niet.

Je wilt ook gezond zijn?

Ik wil elke dag lekker eten. Soms sta ik van vijf uur tot zeven uur in de keuken te drentelen en maak allerlei verschillende gerechtjes.

Dat vind je misschien ook leuk?
Ja, en het is zo, dat wanneer ik aan het eind van de dag als beloning een afhaalmaaltijd heb, ik denk: wat is dan mijn leven?

Dus je probeert de kwaliteit van je dagelijkse leven nooit ten koste te laten gaan van je werk. En in het dagelijks leven zoek en vind je steeds kwaliteit. Dat is mooi, want we leven natuurlijk dag na dag. We hebben niet alleen de hoogtepunten en de dieptepunten, het dagelijkse leven is eigenlijk waar het grotendeels om gaat.
Het dagelijkse leven is mijn hoogtepunt, mijn overwinning!

Daar groeit veel inspiratie uit, toch?
Dat zei die Indiase vrouw ook: 'Jij zou nou nooit eens uit een lelijk kopje je koffie drinken, je zet altijd iets moois neer.' Ja, zou ik dan die ene koffie die ik op een dag drink, uit een plastic bekertje moeten drinken, terwijl ik allemaal mooie serviezen heb staan?

Het oog wil ook wat. Mijn kinderen zetten voor hun vriendjes altijd mooie dingen neer. Dus het slaat ook over op hen. Je ziet dat ze oog hebben voor detail en dat maakt voor mij het leven leuk. Maar die Indiase vrouw bleef het maar herhalen. Ik had een bosje bloemen voor haar neergezet met de gedachte dat ze dan een keer een tulp zou zien, en ik vind dat ook echt leuk. Die vrouw vroeg hoe ik daar in godsnaam de tijd en het gemak voor had.

Het ziet er makkelijk uit, maar dat is het op een bepaalde manier niet. Soms denk ik ook: wat moet ik nou weer doen, maken of halen? Dan trek ik het niet.

Soms heb je die energie niet en dan kan het ook weleens wat minder. We zijn ook mensen.
Wij wonen hier met z'n drieën en in principe zijn we een drie-eenheid; mijn kinderen doen ook veel om het gezellig te

maken in huis. Elke ochtend als ik beneden kom, staat mijn sapje klaar, bijvoorbeeld.

Soms doen ze minder. Als ik dan moe ben en geïrriteerd, zeg ik: 'Ik ben jullie slaaf niet.' Dan weten ze hoe laat het is. Dan zeggen ze: 'Jaahaa, we gaan het zo doen.' Het zijn geen robots, het zijn natuurlijk ook pubers. Maar ik houd mij niet in en kan het gewoon zeggen.

En wat geeft jou innerlijke kracht? Wat is voor jouw gevoel de bron van je innerlijke kracht, of hoe vind je die?

Ik denk dat ik die gewoon heb. Toevallig zei ik dat van de week tegen een vriend. Je moet er dan vreselijk hard om lachen als je het hardop zegt: 'Ik ben in principe gewoon een blij en krachtig mens.' Waarom ik af en toe zo verschrikkelijk instort, is door al die omstandigheden. Als ik relatieproblemen heb, of ik ben erg verdrietig omdat mijn moeder dood is en mijn neefje kanker heeft, dat zijn dingen die een enorme invloed op mij hebben. De angst om geen werk meer te hebben. Maar al ben ik diep vanbinnen nog zo verdrietig, ik zie wel die vlinder die voorbijfladdert. Wat een mooie vlinder, denk ik dan even snel, zo tussen alle problemen door. Ik kan niet denken: ik zie die vlinder niet.

Je staat open voor de schoonheid, de omgeving, hè?

Mijn moeder vond het leuk als ik rokken droeg en een beetje lippenstift op had. Toen zij op sterven lag en ik de kamer binnenkwam, zag ik dat ze – hoe ziek ze ook was – me van top tot teen bekeek. Ze zag dat ik er mooi uitzag en dat ik me mooi had gemaakt voor haar. Ik zag haar ogen op en neer gaan, terwijl ze verging van de pijn. Dus dat heb ik misschien van mijn moeder, het zit gewoon in me.

Ik heb tijden gehad van extreme psychische vermoeidheid of dat ik af en toe labiel was of niet sterk in mijn schoenen stond. Later denk ik dan: dat had natuurlijk te maken met het feit dat ik twee kinderen had gebaard, net een film had gemaakt en een scheiding achter de rug had. Vorig jaar werd ik erg mager en had ik last van slapeloosheid, terwijl ik at als een paard. Ik ging naar de dokter voor allerlei bloedonderzoeken, maar er werd mij verteld: 'Er is niets aan de hand met uw bloed, u bent helemaal in orde.' De dokter zei ook: 'Je hebt de top drie van stressfactoren bij elkaar, vind je het gek dat je niet kunt slapen.' Ik was net gescheiden van mijn partner, met wie ik bijna tien jaar een relatie had gehad, ik was verhuisd en mijn moeder was net doodgegaan. Dood, verhuizing en scheiding zijn dé drie grootste stressfactoren, en die had ik allemaal tegelijk. Dan moet je wel zo ijzersterk zijn. Ik kan het ook relativeren, mijzelf vergelijken met andere mensen. Kracht, ik weet niet waar ik die vind, die vind ik niet volgens mij, die is er.

Hoe hervind je je kracht in moeilijke tijden?
Door rationeel met dingen om te gaan. Ik kan lang meegaan met een probleem of een situatie, bijna op het masochistische af. Ik denk dan dat ik niet veel langer met een situatie kan doorgaan, maar doe dat dan toch, terwijl het eigenlijk tegen me ingaat. Totdat op een gegeven moment mijn ratio mij helpt. Daar liggen al mijn gevoelens in.

Het is goed dat je naar de dokter gaat en haar zegt niet te kunnen slapen en dat er allerlei dingen spelen in je leven. Als de dokter dan zegt: 'Ja, geen wonder', kun je het een plek geven en verdergaan. Dat is ook het leven: we worden met onze grenzen geconfronteerd. Daar groeien we van. We kunnen niet altijd alles tegelijk, al proberen we dat wel.
Kracht is zo'n modewoord, denk ik. Het gaat ook over je karakter. Je instelling in het leven heeft met de omstandigheden te maken, maar ook puur met je karakter. De een is een doorzetter en de ander geeft het sneller op. Kijk naar mensen die met de Holocaust te maken hebben gehad. Of mensen die de

terroristische aanslag in New York hebben meegemaakt. Sommige mensen hebben New York weer opgebouwd terwijl ze voor hun ogen hun familie zijn verloren, terwijl andere mensen niks anders konden dan uit het raam kijken.

Maar wat jij ook zelf zegt: ook al zit je niet lekker in je vel of heb je een moeilijke tijd, op een gegeven moment komt je ratio in het spel. Ook al ben je misschien in eerste instantie een gevoelsmens, je gaat toch nadenken over het waarom en wat je aan je situatie kunt doen.

Ja, maar dat is ook tegen mij gebruikt in het verleden. Dat ik dan zogenaamd te veel in mijn hoofd zat en ik meer naar mijn buik moest en dat soort dingen. Dan denk ik: ja, mijn buik, maar ondertussen moet ik wel de boel zien te redden.

Dat vind ik nou juist de schoonheid hiervan. Zie je verschillen tussen vroeger en nu: hoe je je talenten gebruikt, hoe je in het leven staat? Hoe je je intuïtie gebruikt?

Ik sta in het leven zoals ze in Spanje zeggen: 'Vamos al lio!' Dat is een term uit het stierenvechten vlak voordat de stierenvechter de ring in gaat. Hij zegt: 'We gaan voor het gevaar, of het probleem...'

Uiterlijk en innerlijk blijf je hetzelfde, vanaf dat je geboren bent totdat je doodgaat, daar ben ik heilig van overtuigd. Niemand verandert echt. Wat je wel kunt veranderen of aanpassen, is je gedrag. Maar ik vraag me af of je kunt veranderen hoe je diep vanbinnen in elkaar zit. Ik weet van mezelf dat ik bijvoorbeeld naïef en goedgelovig ben. Dat zit zo ingebakken. Ik heb nu geleerd om dat minder te zijn, maar diep, diep vanbinnen heb ik nog steeds die goedgelovigheid en dat is waarschijnlijk ook de kracht van mijn film. Ik ga zo open met mensen om. Wat ik heb geleerd, of wat ik probeer te leren, is om minder naïef te zijn. Maar tegelijkertijd, als ik dát afsluit, sluit ik ook een *tool* af van mezelf, die ik juist gebruik.

Dat vind ik interessant. Volgens mij gaat het over onderscheidingsvermogen, dat is iets wat we moeten leren.

Ja, natuurlijk. Het is het Pinocchio-verhaal, maar wat ik bedoel speelt zich af op een hoger niveau. Mensen noemen mij vaak naïef, maar ik zeg liever goedgelovig.

Ik denk dat het een van de kunsten in het leven is, om ouder te worden en niet verbitterd te raken.

Ik heb niet snel een vooroordeel over iemand, ik stap op iedere boef af alsof het mijn beste vriend is, bij wijze van spreken.

Je kunt in je leven door je ervaring bepaalde dingen plaatsen. Maar die ervaring moet er niet voor zorgen dat je daardoor dingen blokkeert, of bestempelt. Er zijn mensen die bijvoorbeeld zeggen: 'Mannen, dat nooit meer, aan mijn lijf geen polonaise'. Ze hebben zoveel ellende meegemaakt, dat willen ze niet meer. Of: 'Ik ga nooit meer naar dit of dat', omdat je een slechte ervaring hebt gehad. Maar daarmee blokkeer je dus ook al het goede wat daar eventueel uit zou kunnen komen. Tegelijkertijd, keer op keer je kop stoten werkt ook niet. Daar een midden in vinden, is het moeilijkst.

Je geeft de ervaringen die je hebt gehad een plek en tegelijkertijd blijf je je openstellen, voor de liefde, voor nieuw werk, voor het avontuur. Avontuur voor het leven eigenlijk, toch?

Ik denk dat ik me nog steeds voor veel dingen openstel. Ik heb een jaar of tien geleden geleerd om zo beleefd te blijven dat ik luister naar iedereen tot die klaar is met zijn verhaal, dat zijn dingen die iedereen waarschijnlijk meemaakt. Nu heb ik geleerd om af en toe te zeggen: 'Sorry ik heb geen tijd.' Ik probeer meer voor mezelf op te komen. Maar zodra het vrienden betreft of relaties, dan ben ik eigenlijk hardleers.

Ik weet niet of je dat moet zien als hardleers, of als het in balans houden van bepaalde dingen.

It takes two to tango, het moet wel twee kanten opgaan. Je kunt niet altijd jezelf open blijven stellen terwijl de ander dat niet doet, of het nou je kinderen zijn, of een vriend of vriendin... Dat probeer ik mijn kinderen ook bij te brengen.

Zeker, de balans moet naar het positieve gaan, in elke relatie. Er zijn ook negatieve aspecten in een relatie. Maar wij kunnen een relatie veranderen door onze behoeftes en grenzen aan te geven en bespreekbaar te maken.

Ja, maar bespreekbaar maken is multi-interpretabel. Wat jij bespreekbaar noemt, kan voor de ander niet zo zijn. En grenzen aangeven kan je ook in moeilijkheden brengen. Stel dat je zegt: 'Tot hier en niet verder', en die ander gaat toch over die grens heen... hoe vaak laat je dat dan gebeuren, totdat het echt niet verder kan? Met al die uitdrukkingen is het moeilijk praten, iedereen verstaat er toch iets anders onder.

Ja, dat is ook zo. Ik denk dat de grootste, belangrijkste relaties vaak met mensen zijn die het dichtst bij je staan, of die jij het dichtst bij je hebt gelaten. Dat zijn vaak ook de moeilijkste. Want hoe dichterbij iemand is, hoe meer pijn diegene jou kan doen. Als mensen ver weg staan, kunnen ze je niet zoveel maken. Ze kunnen niet zo snel binnenkomen, niet met het goede, maar ook niet met het moeilijke. Dat is het leven, je kunt niet het een zonder het ander hebben.

Volgens de mensen die mij goed kennen, staan mijn deuren altijd wagenwijd open, misschien soms zelfs te open.

Vind jij dat zelf ook?

Ik vind van niet.

Nou, dan is dat zo. Voor jou is dat zo. Jij bent een gepassioneerd mens, daar hoort ook liefde en **jumping into the fire** *bij.*

Maar goed, je wordt zo aan het twijfelen gebracht doordat mensen zeggen: 'Jij kunt ook nooit alleen zijn.' Je kunt alles wat je doet als een kracht of als een zwakte ervaren en vaak wordt juist die kracht als een zwakte betiteld.

Ik twijfel aan die uitspraak of je wel of niet alleen kunt zijn. Wij mensen zijn roedeldieren, we houden ervan met elkaar te zijn, we wisselen dingen uit, we inspireren elkaar. De mens is niet gemaakt om alleen te zijn. Zelf als je alleen het spirituele pad op gaat, dan zit je in een klooster met anderen. Monniken ontmoeten ook anderen.

De andere kant is dat we met onszelf moeten kunnen leven, mét ons eigen geweten. Dat is wel de hoofdzaak. Als we met onszelf kunnen leven, wordt de rest makkelijker. Daarin komen vaak belangrijke keuzes naar voren. Bijvoorbeeld: jij koos ervoor om hier te komen wonen, dat heeft jou goed gedaan. Dat heeft consequenties, dat maakt je tot wie jij nu bent. Daar zit een geheim in. We volgen onze innerlijke weg, ons innerlijke geweten, onze wensen, verlangens. De weg die bij jou past, volg je, dat is jouw journey. En diegenen die zich daarbij aansluiten, of daarmee te maken hebben, die reizen met je mee voor een lange of korte tijd. Soms kan één moment een eeuw zijn. Als je bijvoorbeeld met iemand in de trein reist, dat is mij overkomen, of op een vliegreis. Ik reis graag en soms zit ik naast iemand, negen uur met één persoon. En wat in die negen uur gebeurt, is heel bijzonder!

Je volgt jezelf en in dat opzicht kun je alleen zijn. We zijn alleen, maar we zijn ook met anderen: onze dierbaren, de mensen met wie wij werken, of die voor ons werken. Iedereen met wie je te maken hebt. In dat opzicht vind ik de vraag over alleen kunnen zijn of niet een illusie. We hebben elkaar nodig. Van de cassière tot diegene die je vuilnis ophaalt. Als de vuilnisman een paar weken niet komt, wordt het een rotzooi. Ik vind in dat opzicht dat we van elkaar afhankelijk zijn.

Misschien is het meer een Hollands idee dat je alleen moet kunnen zijn, dat vraag ik mij weleens af. Want als je een Latijnse-Amerikaanse achtergrond hebt... dat is meer met elkaar.

Zo ben ik in ieder geval wel opgevoed. En als ik zou zien dat het slecht voor me was... Maar ik merk dat ik opbloei als er mensen om mij heen zijn, voor wie ik kan koken. Ze inspireren mij. Ik merk ook wanneer mensen aan mij trekken of zuigen, daar heb ik geen behoefte aan. Maar normaal gesproken vind ik het leuk. Ik heb bijvoorbeeld heel vaak de buurjongens op bezoek. Dan zit ik hier met drie pubers aan tafel te eten, voor mij kan de avond dan niet lang genoeg duren. Wat je allemaal uit die verhalen haalt, dat vind ik geweldig. Het is ook leerzaam en ik lig ook in een deuk om alles wat ze me vertellen. Het zou anders zijn als ik zou zeggen: 'Nee, iedereen gaat naar zijn eigen huis.' Nee, ik vind het leuk om combinaties van mensen te zien en hoe ze op elkaar reageren.

Dat herken ik. Ik heb maar één zoon, maar altijd waren zijn vrienden op bezoek en bleven ze eten. Het was altijd gezellig. In mijn ouderlijk huis was dat precies hetzelfde, iedereen kon altijd mee-eten, dus dat heb ik geleerd. Diegene hoort als het ware voor dat moment bij de familie.

Ja, ik fleur daarvan op. Maar ik heb in het verleden meegemaakt dat een partner dat minder fijn vond. Die wilde mij meer voor zichzelf hebben en niet delen met zoveel mensen. Terwijl ik het juist heerlijk vind met een tafel vol met mensen. Dat heeft te maken met je karakter, je opvoeding, het land waar je vandaan komt. Het is moeilijk om dat simpel te beschrijven.

Wat jij fijn vindt, maakt jouw leven. Heb je nog dromen, wat zijn jouw dromen voor de toekomst?

Ik leef van dag tot dag, ik kan slecht vooruitkijken. Ik had vroeger een partner die vroeg: 'Waar wil je zijn over vijf jaar?' Dan dacht ik: wat, vijf jaar? Ik weet nog niet eens waar ik volgende week ben. Ik heb niet echt van die dromen.

Ik ben wel ontzettend benieuwd hoe mijn kinderen eruit gaan zien als ze ouder zijn. Ik heb veel vrienden met kinderen van dertig, veertig of zelfs vijftig jaar. Kinderen die ouder zijn dan ik, bij wijze van spreken. Dat zijn zelf nog steeds leuke mensen, terwijl ze al zulke grote kinderen hebben. Dan vraag ik mij af hoe ik zal zijn over twintig jaar. Als mijn kinderen vijfendertig zijn, ben ik achtenzestig. Leef ik dan nog en hoe is hun leven dan? Dat is niet een droom, maar meer een enorme nieuwsgierigheid die ik heb naar wat zij gaan doen. Mijn droom is natuurlijk dat ze goed terechtkomen.

Als je een boodschap aan andere vrouwen of andere mensen zou willen geven, of een geheim zou willen delen over jouw filosofie over het leven. Wat is dan jouw boodschap?

Het eerste wat in mij opkomt: volg altijd je intuïtie. Dat heeft mij uiteindelijk altijd geholpen. Je intuïtie samen met je nuchtere verstand. Als je alleen je intuïtie volgt, is dat misschien net te weinig. Mijn ervaring is, dat als ik iets verkeerd of tegen mijn zin in had gedaan, mijn intuïtie dit al eerder had aangekondigd. Of als iets goed ging, wist mijn intuïtie dat ook al van tevoren. De keren dat ik er tegen in ben gegaan, ten goede of ten kwade, heeft zich dat altijd bewezen. Maar die intuïtie is ook zo ongrijpbaar, dat iemand zijn intuïtie kan verwarren met een gedachte. Dan is het geen intuïtie meer, maar een gevaarlijke boodschap misschien.

Dat vind ik niet. Je leert vertrouwen op je intuïtie. Door wat je eerst zei: het bleek achteraf altijd te kloppen.

Dat gevoel kun je niet benoemen. Kijk maar naar dieren, ze doen intuïtief wat goed voor hen is, zonder dat ze weten waarom. Hier in de tuin worden vaak nesten gebouwd en dan hoor je bijvoorbeeld die jonkies roepen. De vader en moeder razen dagenlang door de tuin heen om zo'n nest te bouwen. En hoe ze dat doen, waar ze dat doen en waar ze naartoe gaan én op welk moment... Maar als er een kat aankomt, zijn ze gelijk allemaal weg, terwijl die kat nog niet eens in zicht is.

Wij mensen hebben ook die intuïtie, alleen is die vaak zo ver te zoeken. Er zijn zoveel redenen waarom je een bepaalde stap wel of niet zet, dat die intuïtie vaak niet meer te vinden is. En toch heb ik haar altijd, ik voel haar altijd ergens zitten.

Je kunt erop vertrouwen?

Ja, ik kan erop vertrouwen. Soms ben ik bang dat wanneer ik gedwongen word iets te doen tegen mijn intuïtie in, het verkeerd afloopt.

Dat is waarschijnlijk ook zo.

Dat is gebleken.

Dat is ook een belangrijke boodschap: dat het ook is gebleken.

Ja, maar ik heb mijn intuïtie ook vaak met angst verward, of ik dacht dat ik alleen maar bang was en dan deed ik het toch, maakt niet uit wat. Dus intuïtie is lastig, maar het is wel mijn eerste boodschap.

De andere boodschap is: geef liefde, want die krijg je ook terug.

Herfst

Je kunt loslaten en weet dat je altijd
goed terechtkomt, in een volgende fase
in jezelf
Oogst wat je hebt gezaaid
Leer leven met het mysterie van de dood
Dromen en werkelijkheid kunnen
elkaar raken

Patricia Blok

Mijn Verhaal

Op een prachtige lentedag schrijf ik over de herfst. In de herfst worden de bomen weer naakt, ze laten hun bladeren los in de wind. Elke herfst trillen de bladeren in de wind, en uiteindelijk durven ze zich los te maken. Ze hebben geen keus, de wind is sterker dan zij. Zo is het ook in de herfst van ons leven. Wij zijn niet meer jong en ook nog niet echt oud.

Er komen veel vragen en niet zoveel antwoorden. Wij moeten leren leven met het mysterie van de dood. Ook al zijn wij te jong om te sterven, onze ouders zijn in deze fase meestal al gestorven. Als dat niet zo is, zijn ze vaak oud en ziek. De zorg voor je ouders werkt als een spiegel. Hoe zullen wij zijn op die leeftijd? En soms als wij in de spiegel kijken, zien we met verbazing hoezeer wij lijken op een van onze ouders.

In de herfst is er ook een belofte... de belofte dat na de winter het voorjaar zal komen. Inmiddels weten wij dat na elke grote transformatie nieuw leven wordt geboren. De hoop op nieuw leven en het vertrouwen dat uit wijsheid voortkomt, is mooi. Het is niet meer het blinde vertrouwen dat wij hadden toen we jong waren. Wij zijn ons nu meer dan ooit bewust van onze verantwoordelijkheid voor het creëren van een waardig leven. Wij kunnen niemand meer de schuld geven van dingen die niet gaan zoals we willen. Er is geen schuld. We leren van onze fouten en blijven nieuwe dingen proberen. Dit geeft hoop. Wij weten nog niet alles en dat hoeft niet. Wij leren leven met open vragen. Wij zijn steeds beter in staat de tegenstellingen in onszelf te accepteren: vrijheid en verbondenheid; kracht en kwetsbaarheid, en de mannelijke en vrouwelijke kanten in onszelf. Wij weten ook beter hoe wij onze wonden kunnen helen.

In de herfst woeden soms heftige stormen. Een oude liefde uit onze jeugd die ons hervindt en heftige emoties doet ontwaken. En dan leer je dat het ook weer stil wordt in je hart. Dat dit een cadeautje is uit het universum, omdat je leven heel aan het worden is. En je hart ook. Onze harten leven nu in de verschillende lagen van ons bestaan.

Dit is ook een tijd van wonderen. Toen ik vorige herfst samen met Henk in ons favoriete bos in Overveen liep, had ik plotseling een sterk verlangen. Ik zei: 'Zou het niet fantastisch zijn als Kabir en Bethany dit nu ook konden zien?' Ik had het nog maar net gezegd toen in de verte, door de gouden kleuren van de herfst heen, Kabir en Bethany verschenen! Het was een perfect moment van synchroniciteit. Mijn verlangen en de realiteit werden één. In de herfst van ons leven kunnen dromen en werkelijkheid elkaar raken. Dan voel je genade, dat dit je is gegeven. Een magisch moment wanneer de tijd stilstaat en alles samenkomt. En je bent dankbaar.

Portretten van de herfst: het oogsten, wanneer de lagen van ons bestaan in elkaar smelten.

De herfst is het oogsten van wat wij gezaaid hebben. Het is een vruchtbare tijd.

Ik ben nu in de herfst van mijn leven. Het voelt goed om in deze fase te zijn aangekomen. Het is nu gemakkelijker om mijzelf te zijn. Ik voel mij meer authentiek. Ik weet nu dat alle verschillende rollen die wij spelen, op een verschillende manier deel uitmaken van wie wij zijn. Wij kunnen schrijver en moeder en vrouw zijn en nog veel meer, zonder onszelf te verliezen. En als wij onszelf verliezen? Dan zijn wij zoals het blad in de herfst. Wij kunnen loslaten en weten dat wij altijd weer ergens goed terechtkomen. In een volgende fase in onszelf. En wij zijn verbonden met de liefde in ons hart. Liefde wordt dan een bewuste keus. Een manier van leven in verbondenheid.

De vijf verschillende vrouwen die ik gekozen heb als portretten voor de herfst, zijn ieder op haar manier een pionier in haar omgeving.

Candy heeft naast haar gezin een belangrijke maatschappelijke rol als innovatiemanager bij de Openbare Bibliotheek in Amsterdam.

Vakil heeft ondanks haar moeilijke jeugd en het opvoeden van vier kinderen zonder de steun van een man, zichzelf ontwikkeld als fotomodel, clown en yogalerares.

Frida heeft haar idealen uit de Etruskische wereld werkelijkheid gemaakt op haar landgoed in Toscane. Waar ze, ook al heeft ze zelf geen kinderen gekregen, vele jongeren opleidt in een leven dichter bij zichzelf en de natuur.

Mijn vriendinnen uit Guatemala, María Olga en Beatriz, hebben beiden het bestaan van rijke Zuid-Amerikaanse ondernemers weten te gebruiken om met hun rijkdom vele anderen te steunen. Zowel door het helpen realiseren van de dromen van mensen die het minder goed hebben dan zij, als door het zoeken naar nieuwe normen en waarden met liefde en respect voor elkaar.

Elk van deze vrouwen leeft niet alleen voor zichzelf, maar om het leven voor ons allemaal een beetje lichter te maken.

Candy Duinker

'Er is altijd hoop. Hoe moeilijk je situatie ook lijkt, er komt altijd een moment dat je jezelf bij elkaar kan grabbelen en een nieuwe stap kan zetten.'
– Candy Duinker, 20 september 1949, Alphen a/d Rijn

Ik ken Candy al lang. Haar zus volgde colleges samen met mij aan de Universiteit van Amsterdam. Een tijd lang was zij mijn leerling en later werden wij vrienden. Er was vanaf het eerste moment een grote sympathie tussen ons. Ik vergeet nooit de eerste keer dat ik haar zag. Haar stralende lach deed mij denken aan de zon. Ik heb altijd bewondering gehad voor de manier waarop Candy haar werk en privéleven combineerde. Candy is iemand die passie heeft voor het leven. Alles wat ze doet, of het nu werk is of privé, doet ze met volle overtuiging. In haar werk als innovatiemanager van de Openbare Bibliotheek Amsterdam heeft ze de mogelijkheid gehad haar idealen waar te maken. Samen met vele anderen heeft ze van de nieuwe bibliotheek een plek gemaakt waar idealen, inspiratie en mensen samenkomen.

Candy en ik delen het soefisme als levensfilosofie. Het soefisme gaat ervan uit dat alle mensen een uitdrukking zijn van dezelfde levensenergie. Dit zou je ook de goddelijke energie kunnen noemen. Deze filosofie inspireert om onszelf te beschouwen als medearchitecten van ons leven. Door ons bewust te worden van onze goddelijke oorsprong, zijn wij er deel van. Deze gedachte draagt niet alleen een grote verantwoordelijkheid in zich, maar geeft ons ook de mogelijkheid ons steeds opnieuw te verbinden met de grote dans van het leven en al haar mogelijkheden.

Patricia Blok in gesprek met Candy Duinker

Ik vind dat jij een goed voorbeeld bent van iemand die zoveel mogelijk de potentie in zichzelf benut en ook kenbaar maakt. Zowel op sociaal werkgebied als in je gezin. Je weet de banden te behouden met diegenen die je liefhebt en ook je werk te doen. Ik vind het belangrijk om in deze tijd dat evenwicht te delen met andere vrouwen, vooral jongere vrouwen. Hoe kun je werk en privé combineren? Het is niet altijd makkelijk, zoals we allebei weten. Maar het heeft veel voordelen om steeds die balans te zoeken en te vinden.

Kun je iets vertellen over jezelf als kind en de omgeving waarin je bent opgegroeid?

Ik ben opgegroeid in een kleine plaats. Mijn vader had twee betonfabrieken, ik kom dus uit een ondernemersgezin. Tot mijn tiende woonde ik bij mijn opa, die deze fabrieken begonnen was. Financieel gezien heb ik een zorgeloze jeugd gehad, maar mijn ouders hadden een slecht huwelijk en dat heeft mij op een bepaalde manier gevormd. Maar ik heb ook kanten in mijzelf ontwikkeld door het ondernemersmilieu waarin ik opgroeide!

Ik ben aan de Rijn opgegroeid, aan de rivier. Daarlangs was een rij huizen en daarachter lagen weilanden, ik kom uit de natuur. En dat is wat ik mijn hele leven heb gehouden: dat dát de plek is waar ik mij het prettigst voel. Ik heb een tijd in de stad gewoond, maar het gevoel bleef dat ik terug wilde naar buiten.

Kun je zeggen dat de natuur voor jou een belangrijke factor is, bijna een troost in je leven?

Ja, het is een plek waar ik goed kan relativeren en bij mezelf kan komen, en waar ik ook een beetje kan verwaaien in het grote geheel. Dat lukt me niet in de stad. Ik heb een bepaalde behoefte aan rust om mij heen en die vind ik daar.

Heb je dat altijd gehad, ook als kind, of is dat iets van later?

Als kind was ik me daar niet zo van bewust, denk ik. Misschien tussen mijn twintigste en dertigste ook nog niet zo. Maar vanaf mijn dertigste heb ik bewust die omgeving gekozen, in de natuur.

Wil je iets vertellen over hoe je het opgroeien in een ondernemersgezin hebt ervaren? En het huwelijk van je ouders – wat je daarvan hebt geleerd bijvoorbeeld?

Om te beginnen met het huwelijk van mijn ouders: ik heb altijd tussen twee strijdende partijen in gestaan en ik ben nog steeds bezig om mensen met elkaar te verzoenen, onbewust of bewust. Dat is een terugkerend thema en een kwaliteit die ik heb ontwikkeld.

Wat betreft het ondernemersgezin: ik ben nooit opgegroeid in een gestructureerd leven van negen tot vijf. Er was altijd een hoop reuring in de tent. Ik ging vaak met mijn vader mee naar de fabriek. Ik denk dat mijn vader liever had gewild dat ik een jongen was. Omdat mijn vader geen zonen had, betrok hij me erg in wat hij deed. Niet in de zaken zelf, maar ik ging altijd met hem op stap, het land door. Als hij een bespreking had, ging ik mee, dan wachtte ik in het restaurant en gingen we weer verder. Ik ben nu ook veel op pad en neem ook initiatieven, dat heb ik daaruit meegekregen. Het hoort bij mij, ik zou doodgaan als ik een kantoorbaan zou hebben.

Een negen-tot-vijfbaan past niet bij jou.

Nee, daar zit te weinig uitdaging in.

Ik heb ook een rechtvaardigheidsgevoel meegekregen uit die tijd. Mijn vader was voorzitter van de Bond van Betonfabrikanten en van daaruit zat hij in allerlei onderhandelingsverenigingen of -clubs. Vanuit het werkgeversof pensioenfonds, of wat dan ook. Ik kan goed onderhandelen, dat heb ik ook meegekregen.

Hoe vind jij inspiratie?

Inspiratie is niet iets wat je zo kunt vastpakken. Ik ben op zoek naar de bronnen waaruit ik inspiratie kan krijgen. Mijn omgeving, de natuur, is een bron. Maar ik krijg ook veel inspiratie uit mijn werk, vooral als ik iets kan bereiken. Later heb ik veel inspiratie uit het moederschap gekregen. En ik vind veel inspiratie in het soefisme. Dat zijn verschillende niveaus, misschien ligt dat in het verlengde van het feit dat ik een niet zo georganiseerd leven met zekerheden heb gehad.

Ik heb grote tegenslagen gehad in mijn leven. En ik denk dat ik daar alleen overheen ben gekomen door die inspiratiebronnen.

En zo ook het soefisme als levensfilosofie?

Ik had niet zo'n veilig thuis en voor mij brengt het soefisme een ander soort familie dan mijn ouders.

Een soort spirituele familie?

Ja, het is een plek waar ik mij thuis kan voelen. Vooral door de verbinding waar het soefisme voor staat. Onderdeel zijn van de generaties, deel uitmaken van een groter geheel. Dat geeft mij troost, voor mijn gevoel kan ik ergens op terugvallen.

De verbondenheid aan één kant met je diepere zelf, maar ook met alle andere mensen.

Wat ik het mooist van soefisme vind, is dat het ook de verscheidenheid toont tussen mensen, op een bepaalde manier juist meer aan het licht brengt.

Aan één kant brengt het soefisme het unieke van de mens naar voren en tegelijkertijd datgene wat ons verbindt en een maakt.

Eenheid in verscheidenheid. Dat gedachtegoed past goed in onze samenleving en in de wereld van vandaag, met zoveel verschillende culturen en zienswijzen.

Het soefisme probeert niet om mensen in een bepaald keurslijf te plaatsen. De onderliggende gedachte is dat iedereen even waardevol is en wordt uitgenodigd om zijn eigen leven te ontwikkelen. Dan komen we op het thema waar ik ooit mijn scriptie over schreef: 'I was a hidden treasure desired to be known'.

Wil je daar iets meer over vertellen?

Dat gaat over wat jij laatst zei, dat wij als een ruwe diamant zijn die je tijdens je leven steeds verder kunt slijpen en mooier kunt maken, zodat die op meer manieren kan gaan schitteren. Ik denk dat mensen in de loop van hun leven daardoor verschillende kwaliteiten kunnen ontwikkelen, als ze openstaan voor persoonlijke groei. Dat is waar het soefisme toe uitnodigt.

En kun je jouw bijzondere of belangrijke talenten omschrijven?

Ik ben erop gericht om te verbinden en om de ontwikkeling van mensen en projecten te stimuleren. Ik probeer naar mijzelf te kijken, maar ook naar anderen. Ik heb lang in werksituaties mensen begeleid in hun persoonlijke ontwikkeling. In mijn huidige werk bij de bibliotheek ben ik bezig met het verder ontwikkelen van de organisatie en van de concepten. Dat is een kwaliteit van mij: ik sta nooit stil.

Wanneer we iets bereikt hebben, heb ik al snel de vraag: wat gaan we nu doen? Het leven is steeds in beweging en daardoor geloof ik dat dingen op een hoger plan kunnen komen.

Je zou kunnen zeggen dat elke verandering de mogelijkheid in zich heeft tot groei en bloei, tot een volgende stap.

Zeker. Of dat een mens is of een instituut, dat maakt niet uit, je bent op pad en het is fijn als je aan het eind van je leven terug kan kijken op wat je tot bloei hebt gebracht. Daar lever ik graag een aandeel aan en ik denk dat ik daar goed in ben. Dat is waar mijn hart ligt. Ik heb het verstandelijke vermogen om dingen goed te analyseren en ik ben gevoelig voor wat er in de lucht hangt.

Jij bent een goed voorbeeld van iemand die hoofd en hart goed weet te combineren. Dat is moeilijk voor de meeste mensen.
Aanvankelijk was ik vooral op mijn hoofd gericht, maar met name door het soefisme ben ik me ook meer op mijn hart gaan richten. De verbinding van die twee is een mooie bevruchting. Maar toen was ik wel al halverwege mijn leven. De ontwikkeling om de persoon te worden die je zou kunnen zijn, daar heb je een aantal jaren en ervaringen voor nodig.

Vroeger was ik een onrustig en opstandig kind, ook naar mijn ouders toe. Dat leidde ertoe dat ik in een aantal valkuilen ben gestapt, die ik vervolgens moest overwinnen. De kwaliteit om te kijken naar wat er gebeurt, heeft zich daardoor later ontwikkeld. Ik denk dat dat voor iedereen de natuurlijke gang is.

Wil je iets vertellen over je belangrijkste overwinningen?
Een van de belangrijkste overwinningen was tijdens mijn opleiding Organisatiebeleid en management en supervisie. We kregen de opdracht om een verhaal te schrijven met als titel: 'Van slachtoffer tot heldin'. Dat is zo'n moment waarop je terugkijkt: wat waren de moeilijke momenten in mijn leven? Het is moeilijk om dat van je af te schrijven. Dus ik heb mij een week terug moeten trekken in een klein vakantiehuis in Oostenrijk om me los te maken van alles om mij heen. Zo heb ik mezelf overwonnen, omdat ik na al die moeilijke obstakels bij andere aspecten van mezelf kon komen, waardoor ik ben geworden wie ik ben. In de zoektocht naar jezelf ontdek je je overwinningen.

Ik ben een beetje opgegroeid als een jongen, daardoor heb ik het moederschap lang van mij afgehouden. In eerste instantie was ik meer gericht op mijn hoofd: overleven en carrière maken. Bij die andere carrière, het moederschap, zit ook heel erg je hart.

Daar durfde ik niet aan te komen. Het heeft tot mijn veertigste geduurd voordat ik daarvoor kon kiezen en uiteindelijk heeft dát mijn leven nog het meest verrijkt. Niet alleen het moederschap letterlijk voor je kind, ook de kwaliteit die zich daardoor ontwikkelde. Ik kreeg een verantwoordelijkheidsgevoel naar de mensen om mij heen, in de sociale omgeving waar ik deel van uitmaak. Hoe ziet onze wereld eruit? Dat zie ik ook als moederschap.

Dat is ook mooi voor vrouwen die geen kind hebben gekregen, zij kunnen ook op die manier moeder zijn.

Ja, ik denk dat ik allang moeder was voor veel medewerkers in de bibliotheek waar ik werkte. Dat had ook te maken met dat verzoenende en verzorgende wat ik in mij heb. Misschien is het verschil tussen mannen en vrouwen in een organisatie, dat mannen meer op het resultaat zitten en vrouwen meer ook gericht zijn op het welzijn.

Ik denk dat jij veel energie in jouw werk in de bibliotheek hebt gestoken. Zowel de mensen die daar werken als op bezoek komen, ervaren het gebouw als een thuishaven. Dat is een overwinning, omdat het een groot project was dat je samen met anderen hebt gedaan.

Voor mij is een bibliotheek een belangrijk instituut, in die zin dat het bijdraagt tot de ontwikkeling van mensen. Dat past in waar we het net over gehad hebben. Een bibliotheek kan mensen die in een moeilijke positie zitten vooruithelpen en daar heb ik mooie voorbeelden van gezien bij ons in de bibliotheek. Wij doen bijvoorbeeld veel voor vluchtelingen die de Nederlandse taal niet spreken. Voor die mensen is de bibliotheek zo belangrijk om zich te leren uiten, te kunnen communiceren, de taal te leren.

Jazeker, en de nieuwe bibliotheek heeft ook als ontmoetingsplek een functie. Jullie hebben duidelijke plekken in het gebouw ontworpen waar mensen bij elkaar kunnen zitten. En soms ook een plek voor mensen om de krant te lezen of voor mensen die eenzaam zijn.

Het ontmoeten is ook overdrachtelijk bedoeld. Mensen kunnen elkaar op een ander niveau ontmoeten doordat je ze helpt met informatie; daar maak je kennis van die je met elkaar deelt. Zo kom je op een hoger plan. Dat is het thema in mijn leven, daar ben ik op allerlei manieren mee bezig. Daar zit iets van zorgen voor andere mensen in en daar draagt dan ook het moederschap aan bij. De bibliotheek is niet alleen een instituut, ze is een soort moeder voor alle mensen die informatie nodig hebben en die anderen willen ontmoeten.

De schat die in de bibliotheek zit, is voor mij een grote inspiratiebron. Zo ook het moederschap van mijn eigen kind; een kind geeft je zoveel terug, daardoor krijgt je leven een totaal andere dimensie.

Toen mijn moeder oud werd, ben ik moeder van mijn eigen moeder geworden. Er zit een kringloop in het leven.

En zie je ook verschillen tussen vroeger en nu in hoe je je talenten gebruikt? Of heb je gaandeweg nieuwe talenten ontdekt?

Het heeft een tijdje geduurd voordat ik erachter was dat het bezig zijn met vernieuwing, ontwikkeling en innovatie bij mij hoort. Daar heb ik allerlei stadia in doorlopen.

Ik ben in een kapitalistisch gezin opgegroeid. Ik was opstandig. Ik heb de hotelschool gedaan in Zwitserland, zeer traditioneel. De stap die ik daarna zette, maakte dat ik me daar niet meer in thuis voelde en me ertegen afzette. Ik dacht: dit is allemaal zo oppervlakkig. Ik miste zingeving in het geheel. Ik ben een tijd bezig geweest met strijdbaarheid en politieke idealen. Toen was ik ook actief in de vrouwenbeweging. Ik gaf les in emancipatie aan vrouwengroepen op de sociale academie. Ik maakte deel uit van de tweede feministische golf, die ons heeft geleerd dat je als vrouw moet zorgen dat je je economische onafhankelijkheid bewaart. Daar ben ik het nog mee eens, dat is een basis van waaruit je verder kunt. Je moet eerst te eten en te drinken hebben en je lichamelijke behoeftes kunnen vervullen, voordat je een volgende stap kunt doen.

In mijn ontwikkeling is dat zo gegaan, want daarna ben ik een spirituele weg ingeslagen. Ik heb een andere dimensie gegeven aan het bestaan van mensen, niet alleen met betrekking tot de klassenstrijd of de vrouwenstrijd. Het gaat er niet alleen om dat je materiële rijkdom hebt. Dat maakt je nog niet per se een gelukkiger of uitgebalanceerd mens. Dus dat bedachtzame is meer een stap ernaartoe en dat is ook de laatste stap geweest. Het idee dat er niks blijft zoals het is, maar dat alles altijd in ontwikkeling is. Ik denk hierbij altijd aan Pir Vilayat Khan. Hij was niet alleen soefi-meditatieleraar. Hij had ook natuurkunde gestudeerd en hij was piloot. Hij bracht zoveel dingen bij elkaar en hij was absoluut niet iemand die zich conformeerde aan een bepaalde situatie. Ik had altijd het idee dat hij alweer met iets nieuws bezig was.

Dat hij altijd weer andere mogelijkheden bedacht voor de uitdagingen in het leven?

Ja, en dat herken ik in mijzelf. Het gaat over het thema vrijheid, want je wordt niet gevangen. Niemand hoeft zich ooit te laten vangen in de situatie zoals die is, want de situatie verandert – je weet alleen niet hoe. En dat is het ingewikkelde, omdat je het graag zou willen weten. Vroeger was ik erg gericht op alles onder controle houden. Dat is iets wat je in de loop van je leven ontdekt: dat dat niet kan en dat het niet zo werkt. Situaties lopen altijd anders dan jij had gepland.

Voor een deel wel en voor een deel niet. Dat wat je kunt plannen, wijst je pad, de richting die je gaat, de koers. Maar tijdens de reis gebeurt er van alles en soms moet je van koers veranderen. Soms ontstaat er een tsunami, en... daar moet je mee omgaan.

Ja, pas later heb ik het gevoel gekregen dat ik dat kon 'handelen'. Dat het een natuurlijke weg is. Terwijl ik vroeger dacht: nee, dat kunnen we bevechten.

Je leert ook dat je niet alles kunt handelen. Dan moet je het loslaten en weer een nieuwe weg vinden.

Loslaten is een manier om te handelen. Ik vind het belangrijk dat we inzien dat we alles kunnen handelen met de tijd. Soms op het moment zelf denk je: help! Dat kan ik niet aan, hoe moet dat? En dan ontdek je met de tijd dat je toch een manier kunt vinden om ermee om te gaan. Bijvoorbeeld een 'change of heart': je ontwikkelt plotseling een andere zienswijze en kan bijvoorbeeld met de golf van de tsunami meegaan. Als het water dat over de rotsblokken glijdt. Je geeft geen weerstand, je laat je meevoeren.

Het is lastig, soms als je er middenin zit, om te zien dat een moeilijke situatie juist een situatie is waar je van leert. De ontwikkeling gaat schoksgewijs, het is eigenlijk juist positief. Als je je zo ellendig voelt, wil je dat niet weten. En dat is maatschappelijk gezien ook zo. We hebben allemaal last van de financiële crisis, dus iedereen is vreselijk bezig met geld. Tegelijkertijd zie je dat andere waarden weer tevoorschijn komen en belangrijk worden.

We zijn beiden met de weg van Soefisme bezig, de weg van het hart. Als je je hart volgt, houdt het je levendig. Het is niet altijd de weg die je zou denken, of die een ander zou denken. Soms moet je vechten voor je eigen weg. Hij voelt goed en past bij mij, ook al is dit niet de gewone weg. Laat je niet door de maatschappij of door sociale etiquette beheersen, maar door je eigen levendige hart.

Ik denk aan het gedicht van Rumi. Over dat liefde iets is wat steeds in beweging is. Je richt het vaak op een bepaald object, maar waar gaat het om? Om het object of de energie van de liefde?

Elke liefde leidt tot een volgende, grotere liefde en volgens de soefi is dat uiteindelijk het goddelijke. We gaan allemaal naar onze bron, die de goddelijke liefde is.

Dat is wat ik nu in deze fase merk. Nu ik vaak onder veel mensen ben, krijg ik steeds meer de behoefte om mijn wereld kleiner te maken, om weer meer bij mezelf te willen komen. Niet dat ik dat toen niet was, maar op een andere manier.

Ja, en je toch durven openstellen, steeds opnieuw. Weer de markt op gaan: 'De marktplaats', zoals Christus zei. We kunnen ons terugtrekken als het nodig is om nieuwe kracht te vinden. Daarna komen we terug in de wereld vanuit een andere plek in jezelf, op een nieuwe manier.

Dan denk ik aan de woorden van Pir Vilayat Khan: 'To be in the world, but not of the world'. Dat is een ontzettend belangrijke boodschap, misschien moet ik dat wel als mijn boodschap zien. Ik probeer dat te leven. Het geeft mij een persoonlijke vrijheid en tegelijkertijd geeft het mij ook de verantwoordelijkheid die ik heb naar alles om mij heen: mensen, de natuur.

Dit heeft er misschien ook mee te maken dat de soefi's leven met het besef van de dood. De dood is iets wezenlijks wat je niet kunt ontkennen. En aan de andere kant: je leeft ook volledig. Juist daarom. Het leven is een fantastische kans.

Maar wat als je eigendom van de wereld bent? Dan word je geleefd. Dan zou ik onmachtig zijn om mijn eigen leven te kunnen leiden. Dat is de kracht van de spreuk 'to be in the world, but not of the world'. Dat betekent dat ik ook mijn eigen ruimte, mijn eigen vrijheid heb, te midden van wat er allemaal om mij heen is. En dat wil ik iedereen graag toewensen. Dat we elkaar die vrijheid geven.

Die uitspraak staat ook symbool voor het bestaan van een zichtbare en onzichtbare wereld. We leven in een zichtbare wereld, maar tegelijkertijd bestaat de onzichtbare wereld, waar alles vandaan komt. Altijd aanwezig als de bron van het leven. Het is een kruisbestuiving tussen het zichtbare en onzichtbare, dat voortdurend in beweging is. Als een kosmische dans! Om het onzichtbare zichtbaar te maken, dat is het.

Daarin zijn mijn leermeesters belangrijk, waar ik me niet iedere dag van bewust ben, maar wat mij wel heeft gevormd. Of het nou mijn ouders zijn, mijn vrienden, of spirituele leermeesters. Dat bij elkaar maakt het mogelijk om dat begrip in te vullen.

Welke hobbels ben je tegengekomen bij het ontwikkelen van je ware zelf?

De strijd met mezelf, met mijn eigen ego. Wat ik heb meegekregen aan waarden en normen. Hoe je geacht wordt om je te gedragen.

En daarin je eigen weg te vinden?

Ja. Ik ben opgegroeid in een streng gereformeerde omgeving, dat heb ik beknellend gevonden in mijn puberteit. Mijn ouders waren niet gereformeerd, maar vroegen zich wel af: Wat vindt de buitenwereld ervan? Mijn ontwikkeling was ondergeschikt aan wat de gemeenschap ervan vond. En ik was, zoals ik vertelde, een opstandig kind. Ik botste vaak met die waarden en normen. Daardoor heb ik mezelf in periodes erg teruggetrokken. Ik was ook te vroeg op mezelf aangewezen. Daardoor kon ik stapje voor stapje mijn eigen individualiteit ontwikkelen. Dat was voor mij een zware hobbel, want in de puberteit ben je eigenlijk een speelbal. Die hobbel was zo groot dat ik op mijn vijftiende het huis moest verlaten. Toen kwam ik bij mijn tweede hobbel, want ik kwam in een huis terecht waar ik me absoluut niet thuis voelde. Hoe moet je dan omgaan met de situatie? Ik was honderd procent afhankelijk van die mensen.

Toevallig kwam ik vorig jaar een klasgenoot tegen uit die tijd. Hij zei: 'In die periode was jij helemaal niet gelukkig.' Daar had ik niet zo bij stilgestaan. Ik kan mij nog wel herinneren dat ik veel zat te huilen op school. Maar als ik nu terugkijk, zie ik dat het een vreselijke hobbel is geweest: te vroeg uit huis gaan, wonen in een gezin waar je niet welkom bent. Ik werd erg afgewezen. Dat vind ik moeilijk.

Maar daarna heb ik er toch op een andere manier wat aan gehad. Ik denk dat ik daardoor heb geleerd mij aan te passen aan verschillende situaties. Toen ik naar de hotelschool ging, moest ik in een internaat en daar kwam ik met vier mensen, die ik niet had uitgezocht, op een kamer. In totaal waren we met tweehonderd leerlingen en soms kwamen we weken niet buiten. Toen had ik er wel wat aan dat ik zo'n harde leerschool had gehad. En het was voor mij de fijnste tijd van mijn leven.

Door die moeilijke tijd die je daarvoor had meegemaakt?
Ja. Er zijn ook hobbels geweest in de tijd dat ik in het buitenland heb gewoond. Dan ben je ook een vreemde eend in de bijt. Daarin moet je ook leren je staande te houden.

Wat zijn je dromen voor de toekomst?
Die hebben te maken met mijn behoefte om op mijn eigen manier deel uit te maken van het grotere geheel. Meer met zingeving bezig zijn. En meer rust om mij heen scheppen om terug te kijken op wat ik allemaal heb gedaan. Wat de mooie kanten zijn en de minder mooie kanten.

En ik hoop dat mensen wat aan mijn levensverhaal hebben. Dat wil ik best delen met mensen. Dat lijkt mij het belangrijkste doel voor de komende periode.

Heb jij een boodschap voor andere mensen: vrouwen, mannen? Of een geheim dat je prijs wilt geven, waarvan je denkt dat anderen daar wat aan zouden kunnen hebben?
Ik heb geleerd in mijn leven dat er altijd weer hoop komt. Ook als je soms denkt: nu zit ik zo vreselijk aan de grond, hoe kom ik hier weer uit? Dan blijkt dus dat tijd belangrijk is en dat die relativeert. En dat het altijd goed komt, omdat er altijd een

moment komt waarop jij jezelf bij elkaar kunt grabbelen en een nieuwe stap kunt zetten.

Crisissen zijn waardevol om die ruwe diamant die je bent, verder te slijpen. Dat zou ik mensen graag toewensen, dat zij hun energie daarop blijven richten: dat het nooit af is. Dat je altijd verder kunt met het slijpen van je diamant.

Je wilt nog iets toevoegen?

Jij vroeg net aan mij wat ik verder ga doen. We hebben het even gehad over mijn idealen en dat ik wat terug wil geven aan de wereld. Maar ik dacht: ik ga ook als ik gestopt ben met werken, en mij dus meer terugtrek, in mijn tuin een moestuin beginnen. Dan ben ik heerlijk met mijn zeven poezen om mij heen. Ik heb de liefde zien verschuiven. In het begin was mijn liefde altijd gericht op een bepaald object, meestal een man. In mijn puberteit waren er veel mannen en later minder, maar langere periodes. Gaandeweg heb ik meer geleerd en in plaats van de liefde te nemen die ik krijg, kan ik ook meer liefde geven aan een ander. Daar zit een ontwikkelingspad in. Wat ik moeilijk heb gevonden, is accepteren als het daarin niet zo loopt als je zou willen. En dat vind ik nog wel een dagelijkse oefening, om die ander zoveel ruimte te kunnen geven dat je kunt genieten van wat je hebt. En om zoveel mogelijk je eigen liefde aan een ander te geven. Dus had ik daarbij het beeld van mezelf in mijn moestuintje met mijn zeven poezen waar ik erg veel van houd. Dan is die liefde niet meer aan een persoon gekoppeld. Dan houd ik gewoon van wat er om me heen is.

Dat brengt me weer bij de natuur. Dan hoop ik dat ik zoveel vrede heb overgehouden aan het leven, dat ik die liefde aan de kosmos en aan wat om mij heen is, kan geven. Dat lijkt mij heerlijk.

Ja, en ook misschien aan mensen die jouw levensverhaal willen horen en daar wat aan hebben?

Ja. Het einde van je leven is misschien ook dat je meer onderdeel wordt van het totaal, door middel van dat één-op-één. Dat vind ik het eindpunt van de reis. Dan ga je over van 'jij als eigen individu' naar 'jij als onderdeel van het grote geheel'.

Van de individuele liefde naar de kosmische liefde.

Ja precies. En weet je wat zo gek is? Ik krijg altijd dat beeld van vrijheid voor me, nu ook weer. Kun jij je nog herinneren dat wij samen naar die dienst gingen bij de begrafenis van Pir Vilayat Khan? Toen hij in zijn kist lag, zag ik een beeld dat hij naar mij zwaaide. Dat beeld komt vaak terug. Dat is toch de ultieme vrijheid: als je in je kist ligt en je zwaait. Zo van: mij hebben ze nooit ergens in kunnen 'framen', snap je wat ik bedoel? Ik ben er nog steeds, gewoon weer op reis.

Vakil Eelman

'Ik ben dankbaar!'

– Vakil Eelman, 31 juli 1947, Texel

De eerste keer dat ik Vakil zag, was in een grote concertzaal met honderden mensen. Ze viel mij op vanwege haar prachtige gezicht en mooie witte haar. Zelden zag ik iemand met zo'n mooi gezicht. Ze bleek de nieuwe liefde te zijn van een goede vriend. Eigenlijk heb ik haar pas beter leren kennen nadat die relatie voorbij was.

Ik had veel bewondering voor haar. Er was mij verteld dat ze een moeilijke jeugd heeft gehad en haar vier kinderen alleen heeft opgevoed, onder wie een dochter met het Down-syndroom. Mij trof het meest dat ze ondanks alles zo mooi was gebleven. Haar schoonheid is niet alleen haar uiterlijk, maar straalt door haar heen, alsof ze licht geeft.

Vakil inspireert mij in de manier waarop ze haar moeilijkheden omzet in leermomenten en een volgende stap. Een van de dingen die ze met mij deelde, was dat ze een 'dankbaarheidsarmband' heeft gemaakt, van kralen uit verschillende kettingen die om een bepaalde reden belangrijk voor haar zijn. Elke avond voor ze gaat slapen, houdt ze elke kraal even vast en denkt daarbij aan een moment van die dag waarvoor ze dankbaar is. De dankbaarheidsarmband is als een bidketting geworden, als een avondgebed.

Ondanks of juist dankzij de vele obstakels, die haar niet bespaard zijn gebleven, vindt ze als antwoord... dankbaarheid.

Patricia Blok in gesprek met Vakil Eelman

Kun je iets vertellen over jezelf als kind en de omgeving waarin je bent opgegroeid?

Ik ben geboren op Texel, als derde kind van mijn ouders. Toen mijn moeder zwanger was van mij, waren mijn ouders helaas al zo in onmin met elkaar dat ik niet meer welkom was. Zodra mijn moeder zes weken na mijn geboorte weer op de been was, verliet zij het eiland met mijn zus en mij. Mijn broer bleef op Texel. Wij zijn toen naar Utrecht gegaan en ingetrokken bij mijn oma, haar moeder. Ze merkte al snel dat ze dit niet kon bolwerken, omdat ze ook moest werken. Ze heeft ons in een kindertehuis geplaatst, daar heb ik zes jaar gewoond, vanaf dat ik een halfjaar oud was.

Dat kindertehuis was gelegen in de buurt van Houten bij Utrecht, en op zich was het een goed kindertehuis. Ik kan mij een aantal goede dingen herinneren uit die tijd, maar het is toch anders dan wanneer je bij je ouders opgroeit. Je groeit op in een groep met kinderen en er is weinig persoonlijke aandacht. Toen ik zes jaar was en mijn zus twaalf, vond mijn moeder het tijd dat we thuiskwamen. We zijn in Utrecht gaan wonen met mijn moeder en dat is een zware tijd geworden. Achteraf zei ik weleens: 'Had ze ons maar in het kindertehuis gelaten'. Dat klinkt niet leuk, maar in die tijd was er geen psychologische hulp en zij was een van de eerste vrouwen die ging scheiden. Dat was in die tijd niet gebruikelijk. Je had ook een schuldvraag als je ging scheiden toentertijd. De familie vond de scheiding geen goed plan, ondanks het feit dat mijn moeder werd geslagen door mijn vader. Dat doe je niet, je gaat niet weg. Zo kwam mijn moeder in een positie terecht waarin zij zich erg gefrustreerd heeft gevoeld en helaas reageerde ze dat af op ons.

Als kind heb je daar nog geen intellectueel antwoord op, je begrijpt dat niet. Het was dus een moeilijke periode. Uiteindelijk ben ik op mijn zestiende weggelopen, de situatie thuis was onhoudbaar geworden. Ik ben toen bij een pleegmoeder gaan wonen. Als ik haar niet in mijn leven had gehad, was er van mij heel wat anders terechtgekomen.

Zij was heel belangrijk, wil je iets meer over haar vertellen?
Mijn moeder kon geen warmte geven. Maar deze vrouw stopte mij 's avonds in bed, keek me aan en vroeg: 'Hoe is het nou met jou?' Daar kan ik nog stil van worden: dat iemand aandacht voor mij had en wilde weten hoe het met mij ging... Door mijn moeder werd ik soms weken genegeerd omdat ik in haar ogen iets fout had gedaan. Dus dat was een pleister op de wond. Ik vond het ook eng dat iemand zoveel liefde aan mij gaf. Maar nogmaals, als ik haar niet had gehad, was er een andere Vakil geweest.

Ze was een engel op je pad?
Absoluut, en als je het over engelen hebt: ik heb diverse engelen op mijn pad gehad in mijn leven. Alleen maar mooie mensen om mij heen, die zoveel liefde geven. Ik kan nu zeggen, dan springen we verder in de tijd, dat ik een enorme geluksvogel ben.

Hoe en waar vind jij je inspiratie?
In mijn leven is de natuur altijd een inspiratiebron geweest. En het goddelijke, want de natuur en mensen zijn goddelijk. Het zit in ontzettend kleine dingen. Ik kan ongelooflijk blij worden

als ik opeens een paard in de wei zie huppelen. Dan denk ik: wauw, wat mooi. Of als er een paar zwanen overvliegen, denk ik: wat een cadeau vandaag weer. Dat heb ik mijn hele leven gehad en dat draag ik nog steeds mee. Dus de natuur én de schepping zijn een inspiratie voor mij.

Je hebt oog voor de schepping.

Precies, het zien van dingen. In welke moeilijke periode ik ook zat, dat heeft mij altijd erdoorheen getrokken. Dat vind ik een cadeau, dat ik de gave heb meegekregen om dat te kunnen ervaren. Muziek en kunst horen ook bij de schepping. Beide zijn een inspiratiebron voor mij en blijven altijd meewandelen in mijn leven.

Wat zijn jouw talenten?

Ik ben een optimist. Ik heb het vermogen om in elke situatie, hoe moeilijk die ook is, te weten en te voelen dat ik daaruit te leren heb. Op een andere manier komt daar iets nieuws uit.

Maar ik kan ook gedachten letterlijk omzetten. Bijvoorbeeld als het geen mooi weer is, denk ik: goed voor de tuin, in plaats van: saai. Ik ben in wezen een blij mens.

Hoe heb je ontdekt wat je talenten waren?

Mijn leven is niet over rozen gegaan. Ik voel de doorns in mijn vlees. Maar als ik ernaar kijk, denk ik aan hoe ik daar toch in heb kunnen handelen en hoe ik het heb overleefd. En ik heb nog steeds het gevoel dat er nog zoveel meer te beleven is. Dat is toch een gave, want er zijn veel mensen in mijn soort situaties die dat niet konden.

Jij hebt een bijzondere levenshouding. Je hebt een innerlijke kracht overal het positieve van in te zien. Om de moeilijke gebeurtenissen als een les te zien en niet ten onder te gaan. Dat is wat jou draagt.

Ik heb ook een enorme wil. De wil is er om uit situaties te komen en niet in het drama te gaan. Die tijd heb ik ook gehad, hoor, dat ik een dramaqueen was. Maar daar schiet je niks mee op. Krijg je er aandacht door? Misschien een tijdje, maar daarna beginnen anderen je strontvervelend te vinden, en terecht.

Je hebt tegelijkertijd een nuchtere houding, hè?
Ja, ik ben ook praktisch. Mijn hoofd werkt mee om goed te kunnen zien waar je letterlijk wat aan hebt. Ik zeg altijd: 'Je kunt kiezen voor melodrama of optimisme'. Geef mij dan maar het positieve.

Zie je ook verschillen tussen vroeger en nu?
Als ik naar mijn jeugd kijk en verder in mijn leven, kan ik zeggen dat ik verlegen was. Zou je nooit zeggen, hè? Een verlegen en bang meisje. Ik speelde op de lagere school wel toneel. Ik had dus wel een behoefte om ergens of met iets naar buiten te komen, door middel van een rollenspel, om dingen om te draaien. Laten we zeggen dat het om creativiteit ging. Ik heb altijd getekend en geschilderd.

Ik had geen zelfvertrouwen, dat was ook inherent aan mijn opvoeding. Ik ben niet bepaald gestimuleerd om zelfvertrouwen te hebben. Ik heb moeten leren dat ik het wel waard ben en dat ik iets beteken in deze wereld. Ook al is het maar een speldenknopje.

Wil je daar meer over vertellen?
Ik heb het geluk dat ik er goed uitzag, maar zelfs dat geloofde ik niet. Als iemand zei: 'Wat een mooie vrouw', dacht ik: hebben ze het over mij? Nee, vast over iemand die achter mij staat. Langzaam begon ik toch te merken dat ik er best oké uitzag. Dat is dan alleen maar het uiterlijk. Als het om het innerlijk gaat, voel ik mij, naarmate ik mijzelf beter leer kennen, best trots. Ik ben niet vervelend. Ik onderzoek mijzelf: ben ik hier eerlijk en zuiver in? Ja, ik ben oké als persoon. Dat is een 'selfmade' proces geweest. Een positieve kijk op mezelf is niet gestimuleerd in mijn jeugd. Integendeel zelfs, ik ben meer de grond in

geboord. Daar leer je van: wie ben ik eigenlijk? Ik ben best een leuk mens.

Je hebt heel wat meegemaakt in je leven. Wil je vertellen over bijzonder moeilijke situaties en hoe je daarmee bent omgegaan?

Ik heb een dochter met Down-syndroom, Lisa. Ik was zwanger van Lisa en had nooit gedacht dat ik een verstandelijk gehandicapt kind zou krijgen. Ik had al twee gezonde jongens en toen kreeg ik Lisa en dat bleek een meisje met Downsyndroom te zijn. Zoals elke ouder schrok ik me te pletter, want dit kende ik niet en had ik nooit meegemaakt. Niet in mijn familie of in mijn vriendenkring.

Ik had alleen een beeld van wat oudere dames die ik soms op straat zag en van wie ik dacht: 'Oei'. Ik ben esthetisch ingesteld, dus dat vond ik niet zo makkelijk, eerlijk gezegd. Nu heb ik zelf zo'n kind en hoe moet dat dan?

Was je toen getrouwd?

Nee, ik was alleen. De vader van Lisa en Kyra, mijn jongste dochter, koos niet voor mij. Hij vond het erg moeilijk dat Lisa werd geboren. Hij moest nadenken en bleef vervolgens weg. Dat betekende dat ik alles alleen moest doen.

En je had toen al je zoons, die je alleen opvoedde?

Ja, klopt, die waren toen acht en tien jaar. Toen bleek dat Lisa Down had, ben ik als een gek boeken gaan lezen. Daar werd ik niet vrolijk van. Ik wist toen niet dat er veel niveaus bestaan bij het Down-syndroom. Je hebt goede en zware gevallen.

Er was een stichting voor verstandelijk gehandicapten en daar trof ik iemand die ook een kind had met Down-syndroom. Vanuit die stichting heb ik een praatgroep opgericht. Voor mensen met een kindje met Down. Ik ben naar de krant gegaan en heb uitgelegd wat ik wilde. Zij schreven vervolgens een artikel over mij en toen kreeg ik veel reacties van ouders met een kindje met Down. Dat vond ik heel waardevol.

Dus je bent je eigen supportgroep begonnen?

Ja, exact. Als je zo'n kindje krijgt, weten de ouders niet hoe ze ermee om moeten gaan en andere mensen ook niet. Ze komen op kraamvisite en schrikken. Ze denken: 'Hoe moet ik hierop reageren?' Dan krijg je opmerkingen zoals: 'Ach, het zijn zulke vrolijke kindjes'. Dan zei ik: 'Wil je haar meenemen?' Of mensen kwamen niet, wat pijnlijk was, want zelf had ik er ook veel last van. Dan liep ik bijvoorbeeld in de stad en dacht: ze heeft geen Down, echt niet. Heel erg ontkennen. Maar dan kwam er iemand die vroeg: 'Mag ik je kindje even zien?' En dan zag ik die schrikreactie en vervolgens racete ik huilend naar huis.

In die praatgroep spraken we daar samen over en iedereen zei: 'Ik wilde dat mijn kind doodging.' Dat soort dingen zeiden we, omdat je dat in eerste instantie voelt. Je wilt het niet, je bent niet blij, zoals bij een normaal kind. Het was goed dat we dat konden zeggen tegen elkaar. Dat wij dat met elkaar konden delen, hoe moeilijk ook, hielp enorm.

Dat mocht er zijn?

Ja, dat mocht er zijn. We hebben het met elkaar een plek kunnen geven, dat was zo belangrijk. En tegelijkertijd was er Lisa zelf, en zij was een schattige baby. Ik hield van haar. Ja, dit is mijn kind en ik vind haar een dotje. Dat maakte dat ik het op een gegeven moment heb geaccepteerd, door de negatieve gevoelens te mogen ervaren.

In de eerste instantie willen andere mensen niet horen dat jij het ook moeilijk vindt. In het begin heb ik een keer een dokter gebeld die veel wist van het Downsyndroom. Ik vertelde hem dat ik een dochter met Down had gekregen. Die dokter reageerde: 'Wat geweldig voor je.' Ik zei: 'Nou meneer, geloof me dat ik dat niet zo ervaar, hoor, echt niet.' Ik heb hem niet meer gebeld. Als ik dit als een geschenk wil ervaren, mag ik mijn eigen proces volgen en niet omdat jij het zegt. Dat is de essentie van wat ik wil vertellen. Ik heb dat ervaren, want Lisa heeft me gespiegeld. In de zin dat uiterlijk niet belangrijk is. Ik was een esthetica, maar daar gaat het dus helemaal niet om.

Hoe oud is ze nu?

Lisa wordt tweeëndertig. Het is prettig om naar haar te kijken, maar het gaat om de innerlijke energie die naar buiten komt, Lisa is een mooi mens.

Het doet mij denken aan een verhaal van mijn zoon Kabir. Hij heeft een Biertaxibedrijf en een tijd heeft hij speciaal bier laten brouwen bij verstandelijk gehandicapten. Mensen vroegen aan hem: 'Hoe zijn die verstandelijk gehandicapten?' En hij antwoordde: 'Gewoon zoals wij, maar alleen veel leuker.'

Ja, precies. Zij zijn veel opener, echt zichzelf.

Meer transparant en authentiek. Eigenlijk leren wij van hen om meer natuurlijk te zijn, dat zijn zij al.

Ja, absoluut. En nogmaals: er zitten ook veel moeilijke aspecten aan. Maar Lisa is gewoon een mooi mens. En als je de negatieve kanten mag voelen, kun je inzien wat het geschenk is geweest. Dát geldt eigenlijk voor alles in mijn leven.

Doordat je kunt accepteren wat niet goed is, kun je ook de andere kant zien, wat wel goed is.

Ja. Ik kan achteraf zeggen dat ik een gezegend mens ben dat ik haar heb gekregen. Wat wil je dan nog meer?

Je vertelde ook dat je rond je vijftigste een grote draai hebt gemaakt in je leven. Wil je daar iets over vertellen?

Na mijn vijftigste is de belangrijkste liefde uit mijn leven verdwenen. Dat was moeilijk te accepteren. Maar ook dát was een geschenk.

Je hebt die liefde in ieder geval wel beleefd.

Precies, en als er misschien nooit meer een andere liefde komt, heb ik dat toch gehad. Veel mensen kunnen dat misschien niet eens zeggen. Dus dat is fantastisch.

Doordat ik alleen kwam te staan (ik heb nooit met hem samengewoond), moest ik in mijn eigen energie komen en toen ben ik weer gaan schilderen. Daar zijn tentoonstellingen uit voortgekomen. Mijn werk is er erg op vooruitgegaan. Ik denk door de inspiratie.

Je hebt steeds je gevoelens in creativiteit om weten te zetten. Dit is een helende stroom in je leven geworden.

Klopt. Ik heb toen bedacht dat ik een clownsopleiding wilde volgen, want ik ben een beweger: ik moet dansen, springen. Clown spelen was voor mij belangrijk, omdat een clown relativeert en je kunt jezelf zijn. En aangezien ik vier kinderen in mijn eentje hebt opgevoed, was de verantwoordelijkheid en de zwaarte in mij groot. Ik wilde die blijheid terug, die wilde ik weer gaan leven. De clownsopleiding heeft mij veel opgeleverd.

In diezelfde tijd werd ik gevraagd als model, daar ben ik toevallig ingerold. Er kwamen opeens zoveel dingen op mij af.

Ja, want opeens werd je fotomodel, zo rond je vijftigste, en dat doe je nu nog?

Ja, ongelooflijk, tot nu toe vind ik dat bijzonder. Ik ben een geluksvogel, dat het zomaar op mij afkomt.

Maar je doet er ook iets voor. Je hebt ervoor gevochten, elk stuk van de weg. En dat heeft je veel hulp van buitenaf gebracht. Maar je hebt zelf de stappen gezet, als een pionier.

Ja, dat is zeker zo. De clown heb ik zelf bedacht, en de yoga. Ik ben zelf naar de yogaopleiding gegaan, maar na drie maanden vroegen ze mij al les te geven. 'Ik ben nog niet eens begonnen,' zei ik. 'Maar dat kan jij wel,' werd er gezegd en dat voelde ook zo. En model worden… dat had ik nooit gedacht. Maar ik ben wel open en nieuwsgierig.

Wat er ook gebeurt, je probeert creatieve oplossingen te vinden. Dat is wat ik zie. Het komt steeds terug in je leven. En je staat open voor het goede dat op je weg komt.

En nieuwsgierig om iets nieuws te beleven. Dat vind ik leuk.

Wat zijn je dromen voor de toekomst? Wat wil je nog bereiken?

Ik heb in twee films gespeeld, die dit jaar zijn uitgekomen. Ik zou nog wel een keer in een film willen spelen, dat vind ik fantastisch. Model zijn is leuk, maar je bent het onderwerp van creativiteit. Er wordt jou verteld wat de setting is, daar kun je weinig eigenheid in brengen. Anderen bedenken jouw rol. Dat is bij acteren ook zo, maar je kunt veel meer je ei erin kwijt. Vooral in die ene rol, waarin ik een oude vrouw speelde die de weg kwijt was.

Als kind vond je toneelspelen ook al leuk, toch?

Ja, vroeger wilde ik al actrice worden. Dat wil ik eigenlijk nog steeds. Ik speel wel wat kleine rollen, maar meer is welkom.

Daarin kun je verschillende manieren vinden om jezelf te uiten en meer kanten van jezelf te laten zien, die je niet in één leven kunt laten zien.

Andere kanten van jezelf laten zien, dat vind ik bijzonder aan acteren en clown spelen.

Heb je een boodschap die je andere vrouwen zou willen meegeven?

Mijn boodschap aan andere vrouwen is: kijk objectief naar jezelf. En kijk waar je zelfmedelijden om kunt draaien in iets positiefs. Daar heb je wat aan. Schiet niet in een slachtofferrol. Dat is het moeilijkst om te overwinnen, maar het allerbelangrijkste om niet in die valkuil te vallen.

Dus jouw geheim is: niet in de slachtofferrol gaan?

Kijk naar de mooie dingen die er zijn. Er is altijd wat moois in het leven. Zoek naar positieve boodschappen in negatieve ervaringen. Dus bedenk bijvoorbeeld bij een verbroken relatie: Wat kan de onderliggende boodschap hiervan zijn? Wat kan ik hieruit leren?

Dus het hoeft niet zo te zijn. Het kan ook anders. Hoe dan wel? Een andere keuze maken die positiever is.

En denk niet dat je hebt gefaald. Er is niks mislukt! Het zijn ervaringen.

Frida van der Horst

'Leef in harmonie met jezelf en de natuur.'
– Frida van der Horst, 30 juni 1946, Amsterdam

Het gebeurt niet vaak in je leven dat je iemand voor de eerste keer ziet en het gevoel hebt dat je hem of haar altijd al hebt gekend. Dat had ik met Frida. In de zomer van 1994 hadden Henk, Kabir en ik gepland om in juli naar Ibiza te gaan, zoals wij iedere zomer deden. Een paar weken voor ons vertrek kregen wij het bericht dat het huisje waar wij altijd zaten, niet beschikbaar zou zijn. Ik was geschokt. Wat nu? In die tijd hadden wij het financieel niet gemakkelijk. Zoals ik soms doe als ik het even niet weet, begon ik een gesprek met God.

Een paar dagen daarna kreeg ik een telefoontje van een vrouw die een interview met mij in een blad had gelezen. In dat interview vertelde ik over mijn plan om trainingen voor vrouwen te organiseren in Toscane. Ik was blij verrast toen deze Nederlandse vrouw belde en zei dat ze in Toscane woonde en belangstelling had voor mijn trainingen. Ze wilde langskomen om mij te ontmoeten. Ik zeg niet altijd 'ja' op een ontmoeting met een onbekende, maar dit voelde goed. Die middag kwam ze. Ik zag haar aankomen vanuit de erker, waar ik altijd zit te schrijven. Ze had rood haar en was gekleed in een zomerse jurk met bloemetjes. Op haar arm droeg ze een open rieten mand met bloemen. Mijn eerste gedachte was: dit lijkt een goede fee!

Ik deed de deur open en had direct een vertrouwd gevoel bij haar. Ze had foto's meegenomen van het landgoed waar ze woonde.

Toen ze de foto's liet zien, wist ik het meteen: dit jaar gaan wij met vakantie naar Toscane. Frida was geïnteresseerd in mijn werk, dus werd het financieel gemakkelijker. Wij konden voor een deel een uitwisseling doen.

Eenmaal in Toscane, kwamen er voor mij veel bijzondere momenten. De plek zelf, 'La Campignola', bleek een oude burcht te zijn met uitzicht op zachte groene heuvels met olijfboomgaarden.

Het gebied was oorspronkelijk van de Etrusken. Tijdens mijn studie aan de universiteit had ik de Etrusken ontdekt en ik voelde mij thuis bij deze beschaving, ook had die daar zes eeuwen voor Christus bestaan. Later bleek dat de band met de Etrusken iets was wat Frida en ik deelden. Hun liefde voor de natuur, kunst en muziek hadden wij ook geërfd. De Etrusken waren vredelievend, maar zijn door de Romeinen uitgeroeid.

Frida is nog steeds in mijn leven aanwezig. Onze vriendschap is voor ons beiden waardevol. Als een van ons het moeilijk heeft, kunnen wij elkaar herinneren aan onze idealen, dat we net als de Etrusken de liefde voor de natuur, kunst en muziek in ere willen houden. En misschien ook wel hun belangrijkste ideaal: een leven in vrede met jezelf en de natuur.

Patricia Blok in gesprek met Frida van der Horst

Om te beginnen wil ik je vragen of je iets wilt vertellen over jezelf als kind. Hoe was je omgeving, hoe ben je opgevoed?

Ik ben geboren in Amsterdam-Zuid, op de Jozef Israëlskade, en ik woon daar nog steeds dichtbij. Mijn middelbare school heb ik gedaan op de Reijnier Vinkeleskade, dat is ook in Amsterdam-Zuid. Mijn jeugd was prettig, ook omdat mijn ouders een goede verstandhouding hadden. Ik heb ze tenminste nooit ruzie horen maken. Ik ben er blij om dat ik dat heb mogen ontvangen: een jeugd die op een bepaalde manier gelukkig was. Ik heb een broer van vier jaar ouder met wie ik goed kon opschieten, we waren close.

Over mijn jeugd moet ik nog iets zeggen, want we waren niet alleen met ons viertjes. Ik had een oom die bij ons een zijkamertje had. Ome Jan was belangrijk voor mij, voor mijn broer minder. Hij zat op de grote vaart, dus lang was hij niet in Nederland. Maar één keer per jaar was hij een paar maanden aan wal en dan was hij, zo noemde hij dat, in zijn kabinet: het kamertje bij ons. Hij was een bijzonder, spiritueel mens en hij was goed bevriend met paragnosten. Door die band met mijn oom heb ik van kinds af aan andere dimensies meegemaakt en dat is ook interessant geweest voor mijn latere ontwikkeling. Dat besef je niet als je kind bent, maar later heb ik dat wel begrepen. En ik ben ook door de nonnen opgevoed, dat is nog een spirituele lijn.

Je vertelde mij dat ome Jan jou weleens cadeautjes bracht van heel ver weg. En dat heeft jou gestimuleerd om later je geluk in een ander land te zoeken.

Jazeker, omdat je, onbewust waarschijnlijk, ziet hoe interessant die andere aspecten van andere werelddelen zijn.

Na het lyceum ben ik terechtgekomen bij uitgeverij Van Gennep, ik was dol op lezen. Ik spendeerde mijn hele salaris aan boeken. Ik heb voor Van Gennep ook een boek uit het Italiaans vertaald: *De man die als vrouw geboren had willen worden*, heel interessant.

Veel later ben ik in aanraking gekomen met de zuidelijke landen, dat is gekomen door een pastorale organisatie, Stella Maris, daar werkte ik. Daar was ik naartoe gegaan omdat de organisatie met zeelieden te maken had. Dan zie je dat er ergens een draad is die je onbewust volgt, anders was ik daar nooit gaan solliciteren. Dat was interessant werk. Er kwamen een heleboel Spanjaarden, want die werkten op Nederlandse schepen. Veel Italianen ook, maar die zaten op de Italiaanse schepen. Ook de eerste Turken heb ik zien aankomen, van wie ik niet eens wist waar ze vandaan kwamen. Het was een wereld op zich, en wij moesten de problemen oplossen, of geld naar huis sturen. Op het gebouw, achter het Centraal Station, een mooi rond gebouw dat inmiddels is afgebroken, stond in alle talen dat het *aperto* was, open.

Toen ik daar een jaar werkte, kwam er een groepje studenten binnen. Ik heb mij altijd zeer geïnteresseerd voor de architectuur, dat was een van mijn passies. Die studenten hadden niets met zeelieden te maken, maar ze zagen iets in het Italiaans staan:

Benvenuto, welkom. Ze moesten een film over de beurs van Berlage maken, ook een van mijn passies. En het is misschien geen toeval dat ik nu in een huis van de Amsterdamse School woon. Het waren Italiaanse studenten architectuur uit Venetië en Rome. Ik vond het leuk om talen te spreken, dus ik zei: 'Ik help jullie wel met de contacten.' Dat is ook de link geworden, waardoor ik uiteindelijk in Rome terecht ben gekomen. Ik begreep dat ik een keer wat zuidelijker moest gaan, want hun manier van zijn trok me. En zo is het gebeurd. Veel later pas ben ik in Rome gaan studeren.

Je bent verliefd geworden op een Italiaanse architect?
Hij werd verliefd op mij. Op een gegeven moment begreep ik dat het serieus was. Dus uiteindelijk ben ik hem gaan opzoeken. Hij heeft ook nog eens een vriend gestuurd om mij op te komen halen in een Fiatje 500, dat was bijzonder. En zijn moeder was het daarmee eens, want hij had haar verteld dat hij de vrouw van zijn leven had gevonden. Dat is voor mij een inspirerende periode geweest, daar in het *dolce vita* van Rome, als jonge vrouw met rode haren. Ik had daar alle aandacht. Ik ontdekte aspecten van mezelf waarbij ik anders nooit stil had gestaan.

Het is zo'n andere cultuur, een andere levensvisie, en dat heeft mij gevormd. Ook met hobbels, want het was niet altijd gemakkelijk. Ik kwam vanuit een rustige familiesituatie in een *baraonda*, zoals ze dat noemen: het woelige leven van deze familie. Ze waren van oorsprong Napolitaans en waren in Rome terechtgekomen omdat de vader fotograaf was. Hij fotografeerde in die tijd alle presidenten. We woonden daardoor in een prachtig huis, heel hoog, je kon heel Rome zien. Dat was fantastisch. Ik heb daar een bijzondere initiatie gekregen van het leven in een andere wereld. En daar voelde ik me – later, want je moet dat leren – toch wel thuis.

Maar het allerbelangrijkste komt nog. Want hoe kom je ergens terecht? Dat vind ik altijd boeiend. Dat is toen begonnen, als negentienjarig meisje. We werden vaak uitgenodigd, met meerdere jonge mensen, door een professor aan de academie. Hij vond het heerlijk om ons bepaalde plekken te laten zien die hij inspirerend vond. De eerste keer was in Veio, een plek ten noorden van Rome. Daar gingen we een hele dag naartoe om te picknicken. Toen we daar aankwamen, leek het alsof ik thuiskwam. Ik dacht: dat zal wel door de dag komen, omdat we het prettig hadden en we waren met leuke mensen. Maar later ontdekte ik dat het een Etruskisch gebied was, en iedere keer als ik naar zo'n Etruskisch gebied ging, had ik dat gevoel alsof ik thuiskwam. Dat is later een basisgegeven geworden. Als je het over inspiratie hebt, dan is dat het voor mij. Al die plekken hebben ondanks alles nog een ongerepte natuur.

En wat is het van de Etrusken dat jou zo aanspreekt?

Het spreekt mij aan dat het een vredelievend volk was. Zij hadden een bijzondere communicatie met de natuur, met zichzelf en met elkaar. Door een betere communicatie met de natuur kun je leren beter met jezelf en anderen te communiceren.

De bloeiperiode van de Etrusken was rond de zesde eeuw voor Christus. Dat was nog vóór de Romeinen. En wat me boeit, is dat de Etruskische vrouw geëmancipeerd was. Daarom vind ik het zo leuk dat dit boek een 'ode aan de vrouw' is. Wij vrouwen moeten, zoals jij zegt, 'eraan slijpen' om op een respectvolle manier een betere communicatie te krijgen; ook met mannen.

Niet in strijd met elkaar, maar communiceren, ieder vanuit zijn eigen wezen. Niet vanuit een afhankelijkheidsrelatie, maar een relatie tussen twee volwaardige mensen, man en vrouw.

Een symbiose die op een natuurlijke wijze ontstaat, maar dat kan alleen als je die communicatie eerst met jezelf creëert, en daar doe je jarenlang over. Dat bewustwordingsproces neemt tijd.

Wil je vertellen over je belangrijkste overwinningen tot nu toe?
Ik heb altijd weinig financiële middelen gehad en ik heb nooit iets willen vragen, zoals uitkeringen. Ik wilde vrij zijn om de dingen te doen die ik aankon. Wat is mijn overwinning? Dat ik uiteindelijk heb begrepen dat als je werkelijk staat achter wat je doet én weet dat je op de goede weg bent, je geen geld nodig hebt, maar wel veel participatie. Je kunt met weinig middelen veel doen, dat is ook een overwinning die ik heb begrepen. Je kunt het nooit alleen, je hebt samenwerking nodig. Dat is zo'n aspect dat we in deze maatschappij een beetje zijn vergeten. Door participatie kom je tot inzicht en kun je veel meer bereiken.

Toen ik jou leerde kennen, woonde je in een groot kasteel en had je andere financiële middelen door een compagnon die je toentertijd had. En toen dat afgelopen was, ben je teruggegaan naar de natuur als bron van inspiratie, en naar een leefwijze met simpele middelen. Dus ook verbouwen en bouwen in de natuur.
Alles gebruiken wat je voorhanden hebt. Dat is het allerbelangrijkste.

Dus alles wat er is, gebruiken voor je onderhoud. En ook om te bouwen, zoals je daar Etruskische hutten hebt gebouwd waar je in kunt wonen, en waar je ook in woont, al jarenlang.
Ja, in de zomer altijd, wanneer het kan en het weer het toelaat. Ik vind het ook heerlijk dat ik in Nederland geboren ben. Dat geeft mij standvastigheid. Daardoor kun je altijd vergelijken: zo is het hier, en daar is het anders. Eigenlijk moet je het beste van beide kanten tot een geheel maken.

Een soort inseminatie, een cross insemination van de ene wereld en de andere.

Dat is voor ons belangrijk, want wij leven niet in een absolute wereld, we leven in een relatieve wereld.

*Een **fusion** van verschillende culturen en naturen!*

Ja. Daarom zeg ik altijd tegen jongere mensen: 'Kijk ook naar andere plekken, leer zo meer over jezelf en je eigen mogelijkheden.'

Zie je ook verschillen tussen vroeger en nu? Hoe heb je je talenten ontwikkeld?

Ik heb gelukkig veel intuïtie. Ik kan mij gemakkelijk in anderen verplaatsen. Ik heb wel ondervonden dat als je je te veel in een ander verplaatst, je verder van jezelf komt te staan.

Zoals in je huwelijk, bedoel je?

In alle relaties met mensen, dat heb ik moeten leren. In dat talent van intuïtie heb ik later vertrouwen gekregen, en door vertrouwen te krijgen in mijn intuïtie, weet ik haar beter toe te passen in het dagelijks leven.

Hoe kun je leren om op je intuïtie te vertrouwen?

Dat moet je door ervaring leren, omdat je ook besef moet krijgen van je fouten. Als je niet je intuïtie volgt, is de uitkomst meestal anders dan je had gewenst.

Je leert van je fouten. Als je niet je intuïtie volgt, probeer je dit uit of dat. Dan gaat het niet goed, en daar leer je van. Juist als je wel je intuïtie volgt, kun je haar testen en bevestigen, omdat de uitkomst overeenkomt met hetgeen je had bedoeld en verwacht.

Ja, en door die ervaring, door die fouten, leer je meer je eigen weg te volgen en je intuïtie. Stap voor stap, met de tijd, ga je beter begrijpen dat het zo werkt. Daar is tijd voor nodig.

Het is mooi hoe jij bepaalde hobbels of moeilijkheden in je leven hebt weten te overwinnen. Bijvoorbeeld het feit dat je zelf geen kinderen hebt gekregen. Je ziet veel jonge mensen als je eigen kinderen, en zij helpen jou met je projecten.

Sommige vrouwen willen meteen kinderen hebben, maar in mijn geval was dat niet zo. Op een gegeven moment kwamen wij erachter dat het voor ons niet mogelijk was. Pas later, toen de ouders met hun rebelse kinderen bij me kwamen en vroegen: 'Mogen mijn kinderen jou helpen en bezig zijn?' kwam bij mij het besef dat dit ook mijn kinderen zouden worden. Toen heb ik gezien dat al deze kinderen, naast hun ouders, ook iemand nodig hebben met wie ze een ander soort relatie op kunnen bouwen. En die kinderen heb ik volwassen zien worden. Terwijl de moeders, die twintig jaar bezig zijn, dat niet hebben meegemaakt, omdat bepaalde kinderen het nodig hebben om tegen hun ouders in te gaan. Het is interessant dat je dan denkt: misschien is het niet mijn bestemmingsplan om zelf kinderen te krijgen.

Ik beschouw alle kinderen van de wereld een beetje als mijn kinderen. En dat heb ik ook van een Indonesische vriendin geleerd die kinderen heeft. In haar Sulawesische gemeenschap mogen kinderen zelf kiezen bij wie ze gaan wonen. Dat kan ook een tante zijn. Zij heeft verschillende kinderen, maar ze beschouwt ze allemaal als haar eigen kinderen. Dat vond ik mooi. Zo heb ik dat in mijn eigen leven ook gezien, en nog steeds. Alle kinderen zijn onze verantwoordelijkheid. Niet alleen je eigen kind.

Je hebt een pijnlijke ervaring tot iets moois getransformeerd, naar een hoger plan gebracht.

Het was niet gemakkelijk om te accepteren, maar uiteindelijk merkte ik dat het misschien mijn hogere plan was. Een ander bestemmingsplan.

Ik weet dat je nu met een project in Italië bezig bent. Wat wil je daarmee bereiken? Wat is je bedoeling ervan?

Het is moeilijk om dat in weinig woorden weer te geven. Ik zeg altijd: 'Kom maar langs'. Dat is het belangrijkste. Om iets te kunnen beleven, moet je er zijn. Iets zien, is anders dan iets horen zeggen. Maar jij hebt het gezien, dus in jouw geval is het gemakkelijker.

Leven en bouwen met de aarde is helend voor de mens. Door middel van samenwerking met anderen kun je vanuit het niets veel tot stand brengen. En dat is wat dit project inhoudt. Uit de hele wereld komen vrijwilligers die graag mee willen helpen. We zijn nu op het land met een leembouwproject bezig, een klein hoofdgebouw. Die ruimte is bestemd om verschillende activiteiten in onder te brengen. En die activiteiten zijn allemaal gebaseerd op leven en bouwen met de aarde.

En jouw project is ook in een gebied waar de Etrusken hebben gewoond.

Ja, dat geeft ook de energie die daar heerst. Maar eigenlijk doet de natuur alles, waardoor je in staat bent om bepaalde dingen te ondernemen. Door de natuur krijg je de kracht en energie om dingen te doen die je anders niet zou kunnen doen. Het is mijn toekomstdroom om dat te kunnen volbrengen en samen met anderen een plek te creëren waar iedereen zich thuis voelt. Een plek om te zijn, om werkelijk dichter bij jezelf te staan. Wat jij altijd zegt en naar voren brengt.

En dat is mogelijk als je in de natuur bent, dan ga je vanzelf op een natuurlijke wijze dichter bij jezelf staan.

Welke boodschap zou je willen geven aan vrouwen en mannen voor nu en de toekomst?

Om te leven en te bouwen met de aarde. De Aarde met een hoofdletter, omdat we de aarde een beetje hebben verziekt. We moeten haar weer helen.

Dus zo dicht mogelijk bij je innerlijke natuur en bij de aarde leven.

Ja.

Maria Olga Novella

'Behandel een ander zoals je zelf
behandeld wilt worden.'

– María Olga Novella, 24 mei 1940, Guatemala-Stad, Guatemala

María Olga is de oudste zus van Quique, mijn grote liefde, die ik ontmoette tijdens het verblijf van onze familie in Guatemala. Ik was toen achttien jaar. Enrique of 'Quique', zoals hij werd genoemd, was een bijzondere jonge man. Hij kwam uit een rijke familie, maar was niet verwend. De familie Novella bestond uit ondernemers, die in die tijd uit Italië naar Guatemala kwamen. María Olga en haar broers en zus groeiden op op een landgoed vlak bij Guatemala-Stad, La Pedrera. La Pedrera betekent 'de steengroeve'. Op het landgoed bevond zich een grote cementfabriek, die ooit door hun grootouders was opgericht. Maar de familie woonde daar niet alleen; ook alle werknemers met hun gezinnen. Dit had een grote invloed op de manier waarop zowel María Olga als haar broers en zus dachten over zichzelf, met betrekking tot anderen die het minder goed hadden. Ik zal mijn eerste kerstviering bij de familie van Quique in La Pedrera nooit vergeten. Er was een gigantische kerstboom vol met lichtjes, en Santa Claus arriveerde per helikopter. Er kwamen rijen werknemers met hun familie om hun cadeautjes in ontvangst te nemen.

Ik heb de vader en moeder van María Olga ook gekend. Vooral de moeder, Doña Olga, heeft een grote indruk op mij achtergelaten. Ze was een dame in elk opzicht. In haar tengere gestalte huisde een sterk, maar liefdevol karakter. Ze was een voorbeeld

voor de rest van de familie. Onlangs heb ik een brief van haar gevonden, waarin ze mij vroeg om Quique te waarschuwen niet zonder bodyguard de straat op te gaan. In die tijd hadden veel mensen bodyguards. Mijn vader, die Nederlands diplomaat was, werd ook overal vergezeld door een man met een mitrailleur. Er was een constante dreiging dat er iets zou kunnen gebeuren, dat iemand ontvoerd zou worden. Kort daarvoor waren er ook twee ambassadeurs doodgeschoten.

María Olga was de eerste vrouw die in Guatemala werd ontvoerd. Hoewel hun familie goed werd beveiligd, wisten de ontvoerders haar toch te pakken. Haar ontvoering duurde anderhalve maand. Uiteindelijk, na het betalen van een grote som geld en vele onderhandelingen, is ze bevrijd. Later werd Doña Olga, op haar vierentachtigste, ook ontvoerd. En daarna nog de zoon van Beatriz, haar jongere zus. Alle drie hebben ze hun ontvoering overleefd.

Het is ironisch dat deze familie, die juist zo goed was voor hun werknemers en voor anderen die het minder hadden, getroffen werd door benden uit de guerrilla. María Olga woonde, ook toen ze was getrouwd, naast haar broer en zus en hun gezinnen in dezelfde straat. Ook hun ouders, Doña Olga en Don Enrique, hebben tot hun dood in een huis naast hun kinderen gewoond. Achteraf denk ik dat ze dachten dat dit veiliger zou zijn.

Als jong meisje was ik mij maar deels bewust van het gevaar dat er toen heerste in Guatemala. Mijn leven in die tijd bestond uit studeren en plezier hebben met mijn vrienden. Dit is wat me door de jaren heen het meest bij is gebleven: de vreugde die ik heb mogen ervaren om deze bijzondere mensen te kennen en deel van hun leven te mogen zijn. Ook al was het maar voor een tijd.

María Olga is levendig en open. Haar hart is warm en haar huis is altijd vol grote en kleine mensen. Ondanks alles wat haar en haar familie is overkomen, blijft ze stralend en vol vertrouwen in het leven. Ze is een levenskunstenaar!

Patricia Blok in gesprek met María Olga Novella

Ik houd voor dit boek gesprekken met vrouwen die op de een of andere manier belangrijk zijn geweest in mijn leven. Ik wil levensverhalen van deze vrouwen delen met mijn lezers, want voor mij zijn ze een kostbare parel in de ketting die mijn leven tot nu toe heeft gevormd. Ze zijn ieder voor zich een juweel.

Jij bent daar een van. Wil je over je jeugd vertellen? Hoe was de situatie bij je thuis?

Ik ben opgegroeid op La Pedrera, vlak bij Guatemala-Stad. Ik was de oudste, de eerste dochter van mijn ouders. Mijn ouders hebben mij mijn hele leven de indruk gegeven dat ze gelukkig waren, al hadden ze natuurlijk weleens problemen, maar thuis was er nooit geweld. Ik heb een gelukkige jeugd gehad.

Ik woonde op het land. La Pedrera was in die tijd een landgoed buiten de stad. In de winter kon je er bijna niet komen. Je moest dan met een karretje dat door paarden werd getrokken. Soms werd de weg naar de stad zo slecht begaanbaar dat je er niet door kon. Mijn nichtjes, die ook op La Pedrera woonden, hadden een onderwijzeres die hun lesgaf. Toen ze in het zesde jaar zaten, gingen ze naar de openbare school om examen te doen. We woonden in een paradijs, we hadden alles. We gingen het huis bijna niet uit. Toen ik nog niet naar school ging, had ik ook thuis les van dezelfde onderwijzeres die me voorbereidde op school.

We waren eerst met drie meisjes: mijn nichtjes en ik. De vierde is later geboren, gelijk met mijn broer. We leefden heel gelukkig. We hadden paarden, er waren koeien. We maakten onze eigen melk. We hadden zelfs een wijngaard, en kippen in een kippenhok. Het lijkt wel of ik in een andere eeuw ben geboren.

We hadden zoveel ruimte om te spelen. We gingen op de fiets of op een paard heel La Pedrera door. Dat was niet gevaarlijk. Onze vrienden, buiten mijn nichtjes dan, waren de kinderen van de bedienden. Er waren veel Italiaanse bedienden, omdat mijn grootvader uit Italië kwam. Als mensen werk zoeken, zoeken ze eerst een landgenoot op.

La Pedrera was niet alleen een landgoed.

Het had een cementfabriek. Het was dus geen veebedrijf, al hadden we wel een stuk of zes koeien en een stier. De cementfabriek was niet erg groot in die tijd.

Is je vader ermee begonnen of je grootvader?

Mijn grootvader, hij heette Novella Klee. Hij was de zoon van een Duitse vrouw en een Italiaan. Mijn overgrootvader ging met zijn broers naar Zuid-Amerika. Een broer is in Colombia gebleven, de ander in Mexico en mijn overgrootvader is in Guatemala komen wonen. Hij is getrouwd met mevrouw Klee, die de dochter van de Duitse consul in Guatemala was.

Toen mijn grootvader acht was, ging hij naar school in Italië. Zijn ouders stuurden hem daar naartoe om Italiaans te leren. Ik geloof dat hij jarenlang niet terug is gekomen. Hij zat eerst in Italië op school. Daarna ging hij naar de universiteit in België, en daar kreeg hij het idee om iets in Guatemala te gaan doen, iets wat niet bestond. Hij ging als pionier naar Guatemala en daar ging hij bedenken hoe hij het zou aanpakken. Maar dat is een ander verhaal. Ik kan je het boek van mijn grootvader lenen met het hele verhaal.

In ieder geval heeft je familie het zo gedaan. Je grootvader is begonnen, je vader ging ermee door...

Mijn vader en mijn oom gingen voor ingenieur studeren in Amerika, aan de universiteit 'Georgia Tech'. En daar zijn ze gebleven totdat ze afstudeerden.

Om het project van La Pedrera voort te zetten?

Ja. En dan zijn er nog de neven van mijn vader, die ook Novella heetten, want ze komen allemaal van dezelfde tak, van degenen die in Guatemala zijn gebleven. Je had Alberto Novella – ze waren met twee zussen en twee broers – en die is ook met een Italiaanse getrouwd. Mijn vader was een goede vriend van Alberto, ze gingen samen naar de universiteit. Mijn vader was in die tijd dus student, en hij was heel knap. En toen leerde hij mijn moeder kennen, en hier zijn wij dan.

Met hoeveel kinderen zijn jullie?

We zijn met z'n vieren, we waren met z'n vieren. Ik ben de oudste, dan komt Beatriz, die een jaar en drie maanden jonger is dan ik; daarna komt Carlos, die een jaar of vijf jonger is, en daarna komt Enrique, de jongste. Toen we zes waren, gingen we naar school in Guatemala. Ik heb op drie verschillende scholen gezeten.

Met nonnen, toch?

De laatste school, de Belgische Guatemalteekse school, was bij Belgische nonnen. Maar daarvoor heb ik op twee privéscholen gezeten, met jongens en meisjes.

Er was competitie tussen twee scholen: de Amerikaanse school en Belmont, de Engelse school. Ze stonden vlak bij elkaar in dezelfde straat, La Reforma, in twee grote, oude villa's. De Amerikaanse school groeide, maar Belmont niet. Mijn moeder vond dat de school erg ver weg was voor me, en ze deed me op een Franse school van een paar dames. Maar omdat die school erg volks was in die tijd, besloot ze dat ik beter naar de Belgische school kon gaan, want daar hadden de kinderen een schooluniform.

Wat zie jij als je talenten?
Ik ben van jongs af aan dol op schilderen geweest. Ik was altijd erg op mezelf, ik vond het heerlijk om alleen te zijn. Ik houd ervan om te denken, om te filosoferen. Zo gaat dat met kunstenaars, daar word je mee geboren. Het is wat je ziet. Elk voorwerp dat je voor ogen krijgt, wordt mooi. Je gaat er de mooie kant van zien: kijk eens wat een kleuren, kijk eens wat een vorm! Daar had ik veel aan als meisje. Ik had een grote fantasie, zo groot dat ik de naam heb dat ik altijd van alles erbij verzin. Maar ik heb in mijn jeugd van het leven genoten. Ik kan je niets vertellen waar ik spijt van heb gehad. Ik heb overal iets aan gehad. Alles is een ervaring geweest, en alles wat ik heb meegemaakt, heeft ertoe bijgedragen om mijzelf te worden, anders zou ik mijzelf niet zijn.

Op mijn veertiende ging ik van die school af. Ik ging naar Amerika, naar New York, naar een mooie, exclusieve school. We waren met weinig leerlingen. Het was in Torcido Park, ongeveer anderhalf uur van het centrum van New York, van Brooklyn af. Dat was een plek voor miljonairs. Een miljonair had dit gebouw aan de nonnen geschonken.

Was het een kunstacademie?
Nee, het was een *high school*. Alle leerlingen waren intern. We zaten aan de oever van een sprookjesachtig meer, omgeven door huizen van miljonairs. Het was alsof je in een bos zat, en het huis was prachtig. Er was een huis waar we woonden, en een kleiner huis, waar de lessen waren. Het was een vrij kleine school, met ongeveer honderd leerlingen.

In onze klas zaten zo'n tien leerlingen. De helft van de leerlingen bestond uit buitenlanders, maar we spraken aldoor Engels. We waren bevriend met alle gringa's, er was geen scheiding.

Dat was anders op de school waar ik daarna naartoe ging: de School van het Heilig Hart, in St. Louis, Missouri. De gringa's hier en de latina's daar. Daar waren ook externe leerlingen. De gringa's zagen de interne leerlingen als kinderen in een tehuis. Maar ik raakte wel bevriend met een paar gringa's. Ik ging ook met ze uit, al vond ik dat niet erg leuk, want zij leven op een volkomen andere manier. Maar ik heb er altijd van gehouden om te delen.

Daarna haalde ik mijn diploma. Ik bracht alle vakanties in Guatemala door. Ik verveelde me, want er was niet veel te doen. Er kwam niet vaak bezoek, helemaal in La Pedrera. Dus bracht ik de hele dag zonnend door in de countryclub. En zo ontstond er een groep vrienden. Al diegenen die in het buitenland studeerden, kwamen bij elkaar.

Na de high school ben ik teruggegaan. Ik wilde iets doen waarmee ik in La Pedrera werk kon vinden, op een kantoor. Ik leerde typen en steno, want dat was bijna het enige wat vrouwen in die tijd konden doen. Ze gingen niet naar de universiteit, ze trouwden allemaal op hun negentiende.

Claudio Rivel, een vriend die een Venezolaans kantoor had als vertegenwoordiger, bood me werk aan. Venezolana de Navegaciones vertegenwoordigde alle maatschappijen uit Hamburg. Ik voelde me niet goed genoeg om bij hem te gaan werken, en zei: 'Claudio, daar ben ik nog niet aan toe.' Eigenlijk probeerde hij mij te versieren.

Dat besefte je niet?

Ik nam die baan en het was een lijdensweg, want ik kon niets. Bijna alle brieven waren in het Duits en die taal sprak ik niet. Toen werd ik bij de Chilenen gezet, in het bedrijf werkten

Chilenen en Duitsers. Vertalen in het Engels kon ik wel, maar de namen waren in het Duits, en daar begreep ik niets van. Die baan heeft niet lang geduurd, want het was werkelijk too much. Toen ging ik bij een andere man werken, op de verdieping daarboven. Daar heb ik een jaar of twee gewerkt. In die tijd had ik Pedro nog niet ontmoet. Toen ik terugging naar Guatemala, had mijn nichtje een vriendje, een jongen die 'in' was. Maar hij was wel slecht. Kiko Montano was ontzettend mooi en verleidelijk. Vanaf het moment dat ze mij aan hem had voorgesteld, viel ik voor hem. Ik dacht: het is de vriend van mijn nichtje. Mijn nichtje is nogal heftig en hij ook. Dus ze maakten ruzie en dan maakten ze het weer goed.

Uiteindelijk werden we dikke vrienden. Ik was zijn beste vriendin en hij vertelde me alles wat er gebeurde. Maar tegelijkertijd kwam hij steeds dichterbij: 'Ik heb je zo nodig, wat moet ik zonder jou?' Ik dacht: wat is dit? Maar ik was al hopeloos verliefd op hem. En dat heeft jaren geduurd. Ik heb de kans gemist om met allerlei aardige jongens uit te gaan, die het nu goed maken. Dat zou een ander leven zijn geweest. Ik had kennelijk stormen nodig in mijn leven. Mijn hele leven is het zo geweest dat als iemand nee zei, ik juist nieuwsgierig werd.

Uiteindelijk kwam er een moment waarop ik tegen Kiko zei: 'Zo kan het niet langer.' Ik was zijn tweede vriendin geworden: hij maakte ruzie met mijn nichtje en kwam dan naar mij. Dus we maakten het uit, ik maakte het uit, geloof ik. Hij ging zelfs huilen.

Ging híj huilen? Wat mooi!

Alleen maar show. Toen begon mijn vrolijke periode. Ik ging uit met allerlei oudere jongens, want ik hield ervan om te stappen, en daar hadden de jongeren geen geld voor. In die tijd had je geen discotheken, er waren nightclubs waar artiesten optraden. Julio Iglesias was er, een Mexicaanse groep die Los Rufino heette, Agustín Lara was er, en Cuco Sánchez kwam er ook. Er kwamen nog andere beroemde artiesten, zoals Olga Guillot. Het was een kleine plek, niet zoals nu, nu er overal concerten zijn. Het was niet uit dansen gaan, het was zangers zien. Ik ben dol op livemuziek, dat je de artiest voor je ziet staan. Maar concerten, nee, het zit er stampvol en je kunt zelfs de mensen die zingen nauwelijks horen.

Er kwam een moment dat ik dacht: al mijn vriendinnen hebben een vriendje en ze zijn serieus bezig en gaan al trouwen. Ik wil ook een vriend die elke dag bij me thuis komt. En toen werd ik de vriendin van Pedro. Ik vond hem leuk. Hij was jong, we waren even oud. We begonnen uit te gaan. Het was een mooie jongen, maar hij bleek ergens nog een vriendinnetje te hebben, en de vrouwen zaten ongelooflijk achter hem aan.

Pedro is de zoon van Cubaanse ouders die erg veel geld hadden, maar het allemaal over de balk gooiden, ze reisden de hele wereld rond. Zo was mijn schoonvader nu eenmaal. Toen de ouders van mijn schoonvader stierven, bleef de arme man alleen achter. Hij zat zonder geld. Van het beetje geld dat zijn peettante had gespaard, stuurde ze hem naar Amerika om te studeren, zodat hij carrière kon maken. Hij voelde zich daar zo alleen dat hij direct met een Amerikaanse vrouw trouwde, mijn ex-schoonmoeder. Algauw kregen ze Pedro, en ze woonden een tijd in Amerika. Daarna ging mijn schoonvader terug naar Cuba, en daarna naar Guatemala. Hij had een groot zakentalent, hij vertegenwoordigde Cruz Azul, een Mexicaanse voetbalclub. Tegelijk was hij een echte Cubaan: om tien uur 's morgens zijn kopje koffie, een spelletje domino, tussen de middag warm eten en dan weer terug naar kantoor. Maar tot aan de dag dat hij stierf, droeg hij zijn zijden foulard en reed hij in een Mercedes Benz. Hij ging niet voor minder.

Een echte heer, de vader van Pedro.
Ja, dat is zo. Pedro en ik hadden een jaar of vier verkering, toen hij kwam aanzetten met een ring van dit formaat, schit-

terend. Die was van zijn moeder geweest. Hij zei: 'Nu zijn we verloofd.' En hij vertelde het aan mijn ouders. Mijn moeder vroeg: 'En wanneer is de bruiloft?' 'O, daar heb ik nog niet aan gedacht,' zei Pedro. Hij wilde mij vasthouden. Maar hij had geen karakter. Hij had allerlei vrienden die hem meesleepten. Uiteindelijk bleek dat hij nog een vriendin had. En toen ik dat merkte, dacht ik: nu is het afgelopen.

Toen ik op de middelbare school zat, heb ik een scholarship gewonnen voor een kunstacademie, het was een wedstrijd op nationaal niveau. Maar ik heb er geen gebruik van gemaakt. Ik wilde terug naar Guatemala, ik kende er niemand, ik wilde me erop voorbereiden, ik dacht dat het misschien later nog zou kunnen. Maar dat werkt natuurlijk niet.

Toen ik het uitmaakte met Pedro, dacht ik: nu ga ik doen wat ik toen niet heb gedaan. Ik ga naar Italië en ik ga kunst studeren. Ik heb niemand om raad gevraagd, ik ben gaan uitzoeken waar ik zou kunnen wonen. En het enige wat meteen bij me opkwam, was het Opus Dei. Ik ging het dus proberen bij het Opus Dei, en dat was dat.

Ik spreek wel wat Italiaans, dacht ik. Ik kwam in Rome aan, en ik begreep er geen woord van! Ik werd door een depressie overvallen, want ik was alleen. De Italiaanse vrouwen praatten niet tegen me. Zij gaan uit van de gedachte dat je geen vriendschap moet aanknopen met buitenlandse vrouwen, omdat die weer weggaan en dan zie je ze nooit meer terug. Ze waren allemaal druk bezig met hun werk, ze gingen allemaal naar de universiteit. Er was ook een groep Mexicaanse vrouwen die zeiden niet met me te willen praten, omdat ze hun Italiaans niet kwijt wilden raken. Maar met elkaar praatten ze wél Spaans.

O, wat afschuwelijk!

Ja, ik was helemaal alleen. Maar ik gaf niet op, ik dacht: ik blijf. En na een tijdje maakte ik een heleboel vriendinnen. En toen kwam Conchita, mijn tante.

Wat goed dat je hebt doorgezet. En hoelang ben je daar gebleven, in Rome?

Ik ben bijna twee jaar in Rome gebleven. Eerst ging ik naar de kunstacademie. Maar dat werkte niet. Er waren veel leerlingen.

Toen ik in New York was – ik reisde op en neer tussen Guatemala en New York – bedacht ik een keer: ik ga kleren kopen voor in Italië, want ik had geen winterkleren. De fout van mijn leven! Ik kocht dingen zoals je in die blaadjes ziet: going back to college. Rokjes in allerlei kleuren, met truien zoals de Amerikanen dragen. Toen ik in Italië aankwam en de straat op ging, keek iedereen me na, omdat ik anders gekleed was. Ik liep er niet slonzig bij, maar ik droeg wel kleuren die daar niet werden gebruikt. De mensen zeiden: 'Dat is een buitenlandse'. Ze liepen me overal achterna. In die tijd kocht ik een paar Franse schoenen die ik fantastisch vond. Ze hadden hakken van dit formaat, naaldhakken. Maar ze gingen kapot door de keien in de straten van Rome. En de eerste keer dat ik met Conchita uitging, zei ze: 'Mag ik je een goede raad geven? Draag niet dat soort schoenen, die zijn ordinair. De mensen hier dragen die niet, daar kun je niet mee over straat lopen. Koop schoenen zoals ik.' Zij liet ze aan me zien en – vreselijk! – het waren schoenen met een dikke hak.

Schoenen om gemakkelijk mee over straat te lopen!

Ze liepen er allemaal op, dat was in die tijd in de mode. Ik ging me als een Italiaanse kleden en er was geen probleem meer.

Ik ben dus de kunstacademie gaan doen, maar ik vond het niet leuk. Toen ik in New York was, verloor ik mijn bril. Ik had een bril om in de verte te kijken, en ik was hem kwijt, ik had hem ergens laten liggen. Toen kwam ik zonder bril op de kunstacademie aanzetten. Ik zag het model in de verte staan, en ik zag alleen een vlek. Zo heb ik het geschilderd. Héél modern, precies zoals ik het zag. En de leraar kwam me ermee feliciteren.

Wat een verhaal!

Toen leerde ik een vrouw kennen, Inker Iber, een Engelse die getrouwd was met een Italiaan. Ze had haar atelier boven de kliniek van haar man, midden op de Via Margutta, vlak bij de Plaza de España. Het was de straat van de schilders. Ik heb veel van haar geleerd.

Het was een leven vol kunst!

Ik stond op, ontbeet, nam een douche en ging de deur uit. Ik ging overal lopend naartoe. Ik at in Italië onvoorstelbare hoeveelheden pasta, maar ik ben vijf kilo afgevallen omdat ik zoveel liep.

Dus uiteindelijk was het een goede tijd, waarin je hebt gedaan wat je echt wilde. Na de kerst kwam mijn zus Beatriz naar Italië. Op vrije dagen of in de weekenden gingen we met de trein naar Florence. We reisden van de ene plaats naar de andere. En zo leerden we Italië kennen.

Maar ik moest terug naar Guatemala. Mijn vader had gezegd: 'Kom naar Guatemala en kijk hoe Guatemala is. Want als je daar blijft, ga je met een Italiaan trouwen. En ik neem aan dat de Italiaan met wie je gaat trouwen, geen miljonair zal zijn. Dus die kun je niet aldoor mee naar Guatemala nemen. En dan word je een Italiaanse, die van het leven daar houdt. Je zult ver van je familie zijn, van je wortels. Denk er goed over na.' Toen ik terugging naar Guatemala dacht ik: ik blijf niet langer dan twee maanden. Ik verveelde me er dood. Al mijn vriendinnen waren aan het trouwen. Er waren alleen maar vrijgezellenavondjes. En toen begon Pedro te beweren dat hij veranderd was. Uiteindelijk overtuigde hij me, en ben ik met hem getrouwd. Maar al vanaf het begin was het geen goed huwelijk. Het was alsof je met een vriend leefde. Ik was niet verliefd op hem. Dat zeg ik nu. We hadden een leuke tijd, maar we begonnen slecht.

Op onze huwelijksreis bleek ik al zwanger te zijn. Daarmee kwam een stroom kinderen op gang. Mijn eerste kind was een jongen, Pedro Enrique. Hij stierf bij de geboorte omdat er een gat tussen zijn twee hartkamers zat. Hij heeft misschien drie, vier uur geleefd. Tegenwoordig zouden ze zo'n kind kunnen redden, maar ja... Toen kwam Gabriela. Ik dacht: nu ga ik het rustig aan doen. Maar niets daarvan, je gaat ermee door. Stel dat je geen kinderen meer kunt krijgen of dat ze allemaal doodgaan. We stortten ons op Gabriela, en daarna kwam de rest.

Je hebt vier dochters gekregen.

Ja, en al vanaf María Andrea was mijn huwelijk slecht, al waren er ook goede momenten. Pedro vroeg altijd om vergeving. Hij begon veel te drinken, hij werkte niet meer. Hij hield van vissen. Hij ging elk weekend met vrienden vissen, maar dan namen ze ons, de vrouwen, niet mee. Wij bleven hier, en soms namen ze andere vrouwen mee. Dus er kwam een moment dat het niet meer ging. Hij had een minnares die me steeds belde. Ze maakte me uit voor cornuda (een bedrogen echtgenote). Een keer probeerde ze me met de auto te overrijden.

Goh, vreselijk!

Ze was aan de drugs... En de laatste druppel was een jeugdvriendin van Pedro. Ze waren allebei getrouwd, en ze vreeën met elkaar in het huis van zijn moeder, die arme vrouw, doña Francis.

De moeder van Pedro, doña Francis, was op haar zestiende getrouwd en is nooit zelfstandig geworden. Ze ging met haar man naar Cuba. Hij zei wat ze moest doen en wat ze moest laten. Toen liet haar man haar in de steek, hij ging er met een jongere vrouw vandoor. En de moeder van Pedro ging aan de drank.

Pedro vree dus met zijn vriendin in het huis van zijn moeder?

En het kon haar niets schelen. Ze had het meestal niet eens in de gaten. En de man van Tuli – de vriendin van Pedro –

begon doña Francis te versieren als ze dronken was. Het was een verhaal dat heel Guatemala kende, behalve ik. Je hoort het zelf altijd het laatst. Op een dag vertelde een vriendin: 'Luister, dat en dat gebeurt er. Ik kan het niet langer aanzien, want jij bent mijn vriendin. Ik zeg het niet om te roddelen, maar je komt op iedereen nogal onnozel over.'

Rond Nieuwjaar dacht ik: als ik ga scheiden, wat gebeurt er dan? Ik kan niet scheiden. Waar moet ik in mijn eentje naartoe? Niemand zal me accepteren. Er kwamen allerlei twijfels bij me op. Ik dacht steeds: ik kan het niet alleen.

Maar je hebt de beslissing toch genomen.
Ja, ik nam de beslissing omdat Ale eraan kwam. Ale was een ongelukje, ik had niets gepland. We hadden al bijna anderhalf jaar niets met elkaar. Ik weet niet meer hoe hij me toch zover had gekregen, maar op een dag bleek dat ik zwanger was van Ale en haar tweelingzusje. Haar tweelingzusje is ook bij de geboorte gestorven, maar Ale is gebleven. Zij is, hoe zal ik het zeggen... de mascotte van de familie geworden.

Ja, het cadeautje.
Dat jaar ging ik naar ons huis aan zee. Pedro zei: 'Ik kom naar je toe, maar nodig mijn vrienden uit.' Ik zei: 'Waarom, als we zo slecht met elkaar opschieten?' 'Als ik alleen met jou en de meisjes ga, verveel ik me. Dus nodig mijn vrienden maar uit.' Dat deed ik, maar hij is niet gekomen. Hij ging naar de Río Dulce met zijn vriendin.

Toen hij terugkwam, zei ik: 'En waar ben jij geweest?' 'Bij de Río Dulce.' 'Met Tuli, hè?' 'Ja, Tuli is mijn vriendin, weet je nog wel.' 'Neem me niet kwalijk, Pedro, maar jij verlaat nu het huis.'

Goed van je!
Hij zei: 'Oké, dan ga ik, maar ik zeg je er wél bij dat ik de helft van alle spullen meeneem, en mijn dochters gaan met me

mee.' 'Pedro, je bent gek.' En daarmee begon de strijd over wat hij wilde.

Op een nacht kwam hij huilend terug. Hij had een slok op. Hij ging bij mijn raam staan en huilde maar. Ik werd er wakker van. Hij zei: 'Doe alsjeblieft open, ik heb spijt. Nu ik weg ben besef ik pas hoe ik jullie mis en wat een prachtige dochters ik heb, en het huis en jij, en dat ik van je houd, en…' Toen zei ik: 'Nee, het is afgelopen.'

Ineens bedacht ik: hij heeft de sleutel nog. Ik rende naar de deur, die hij net op dat moment openmaakte. Ik duwde de deur weer dicht. We vochten minstens een uur lang, hij aan het duwen en ik de andere kant op duwen. Op een gegeven moment zat zijn vinger ertussen. 'Ik ga je vermoorden,' zei hij. En hij vermoordde me bijna echt. Op het laatst trapte hij de deur in en ik rende weg.

Mijn dochters waren wakker. Susana heeft alles gezien. Hoe wil hij nou dat Susana een goede relatie met hem heeft? Nu klaagt hij erover dat zijn dochters hem niet opzoeken, dat zijn dochters niet van hem houden.

Ik rende naar mijn kamer, Pedro erachteraan. Toen ik daar was, pakte hij een kussen. Ik begon hard te schreeuwen in de hoop dat mijn zwager Juan Miguel, die naast me woonde, het zou horen. Maar nee, niets. Pedro pakte het kussen, gooide me op bed, duwde het kussen op mijn hoofd, op mijn gezicht, en drukte erop. Volgens hem om te zorgen dat ik zou stoppen met schreeuwen. Hij had me kunnen vermoorden.

Eindelijk lukte het me om me los te rukken en ik rende de badkamer in. Ik klom op de wc-pot, waar een raampje boven zat, en riep: 'Juan Miguel!' Eindelijk kwam Juan Miguel tevoorschijn, nog half in slaap, en riep: 'Wa-a-at?' En daarna werd het grappig. Juan Miguel vroeg: 'Pedro, wat is er aan de hand?' 'Er is niets. Die schoonzus van je is gek. Ik ga ervandoor.' En hij ging weg.

Vanaf dat moment was het oorlog tussen ons. Hij wilde in het huis trekken. En hij ging bij de meisjes uithuilen. Hij zei dat hij van hen hield, maar dat hij niet bij ze kon zijn omdat ik hem eruit had gegooid. Beatriz en Juan Miguel waren erg lief voor me. In de weekenden namen ze me overal mee naartoe. Ik had bij hen een tweede thuis. Ik heb een jaar in het huis gewoond en toen ben ik naar zone dertien verhuisd, ik hield het daar niet meer uit.

Wonen in zone dertien voelde als de totale bevrijding, heerlijk. Ik kreeg vrienden die bij me thuis kwamen. Ik voelde me zo gelukkig, dat was een vrolijke tijd. Juan kwam me opzoeken, mijn vriend uit mijn vrijgezellentijd. Ik begon uit te gaan met de groep van Juan. Hij stelde me voor aan allerlei mensen, zo ook aan Estuardo Sinibaldi. In het begin was ik onder de indruk: eerst werd ik als oud vuil behandeld, en opeens zei iemand tegen mij: 'Je bent een koningin.'

Die nieuwe vriend behandelde je goed?

Ja, ik ben een tijdje met hem geweest. Maar hij was héél gecompliceerd. Als iets hem niet beviel, werd hij stil. Hij hield zijn mond, hij stopte met bellen. En het beviel hem niet dat een van mijn familieleden tegen hem zei: 'Wat zijn je plannen met María Olga?' Hij heeft me zowat een maand niet gebeld. Maar wat kon ik eraan doen dat diegene dat had gezegd? Ik dacht: dat was het dan. Dit is niet de moeite waard als het zo gaat. Maar ik was wel smoorverliefd op hem.

In die tijd ging Paco scheiden, en ik begon met hem uit te gaan. Hij zei een keer tegen me: 'Vanaf het moment dat ik je zag, voelde ik me erg tot je aangetrokken. Ik wilde graag dicht bij je zijn.' Er was tussen ons een sterke fysieke aantrekkingskracht.

Op een dag belde hij en zei: 'Ik ben net gescheiden. Ik heb gehoord dat het in jouw huis altijd leuk is, dat iedereen elkaar daar op donderdag ziet. Mag ik ook komen?' 'Natuurlijk.' Hij kwam met een vrouw die bevriend was met een vrouw van de groep, die ik niet uit kon staan. Zij was zo iemand die zich met iedereen bemoeit. Hij kwam met haar, maar na een poosje liet hij haar links liggen en was alleen nog met mij. En vanaf dat moment kwam hij elke dag bij me thuis.

Hij was alleen. Hij zag zijn kinderen niet, want die waren kwaad op hem omdat ze geloofden dat de scheiding zijn schuld was. Maar hun moeder had een minnaar op wie ze gek was, en ze is bij Paco weggegaan. Ze ging naar de universiteit en voelde zich weer jong.

En Paco en jij kregen een intense relatie?

Ja. Het was af en aan. Ineens ging hij met een ander uit. We maakten een eind aan onze relatie, maar vervolgens gingen we ermee door.

Het was een grote liefde.

Ja, hij was mijn wederhelft, we leken erg op elkaar. Maar ik kreeg er genoeg van om geen doel te hebben. Als je een relatie hebt, moet je een doel hebben. Je gaat trouwen of samenwonen. Met mijn dochters in de buurt kon ik niet met hem op mijn kamer gaan zitten.

Néé. Met dochters erbij is het ingewikkelder.

Toen heb ik iemand anders leren kennen, een vent die Manolo heette. Hij is nu gestorven. Manolo begon me te versieren, maar ik ging alleen met hem uit om Paco jaloers te maken. Dat heeft ook niet lang standgehouden.

Als je nu op je leven terugkijkt, kun je dan vertellen wat moeilijk voor je was en wat je hebt overwonnen? En hoe je het hebt overwonnen? Waar haalde je de kracht vandaan om moeilijke dingen te overwinnen?

Zoals de ontvoering? Ik was de eerste vrouw in Guatemala die werd ontvoerd. Ze hebben me niet slecht behandeld, ze sloegen me niet. Ze sleurden me alleen mee toen ik uit de auto probeerde te ontsnappen.

En het was een ontvoering om geld. Was het de guerrilla?

Ze hadden bij de guerrilla gezeten, maar dit was niet voor de guerrilla. Dit waren bandieten geworden. De aanvoerder had de anderen misleid. Hij had tegen ze gezegd dat het voor de guerrilla was. Maar ze wilden geld. Ik heb daar anderhalve maand doorgebracht.

Terwijl je niet wist wat er met je zou gebeuren? Of ze je zouden vermoorden of...

Ik had niet het flauwste vermoeden. Er was een moment dat ze zeiden dat ze me gingen vermoorden. Ik moest een afscheidsbrief aan mijn familie schrijven en dan... Maar dat was om mijn familie bang te maken, zodat ze snel zouden betalen. Daar waren ze over aan het onderhandelen. Ze vroegen een overdreven bedrag, iets van zeven miljoen. Waar we op uitkwamen, was vijfhonderdduizend. En dat heeft mijn familie betaald.

Ongelooflijk... maar het gaat om je leven.

Toen ik daar aankwam, was ik totaal van slag. Ik had nog nooit gesproken met iemand die was ontvoerd. Ik wist niet wat ontvoerders deden, ik wist niets. Ik was bang dat ze me zouden vergiftigen. Ze boden me water aan, en ik zei: 'Nee, bedankt.' Mijn mond was kurkdroog. Ik vroeg om een sigaret, die kreeg ik, maar een sigaret zonder drinken is vreselijk. En ik hield hardnekkig vast aan het idee dat ze me iets zouden laten innemen. Ik had weleens gehoord dat ontvoerders mensen iets om te slapen hadden gegeven en ze dan verplaatsten. En ik dacht ook: verbeeld je dat ze me verkrachten! Ze laten me versuffen en ze gaan me verkrachten.

Je verdedigde je zoveel je kon?

Ja. Er was, zoals bij alle ontvoeringen en bij alle dingen van het leven, een goede kant en een slechte kant. Er was een oudere man bij die 'guerrillero' was geweest, hij had bij de guerrilla gezeten, een eenvoudige man. En hij dacht dat mijn ontvoering voor de guerrilla was. Hij zei tegen me: 'Verzet u zich maar niet, wees maar rustig, we zullen u niets doen. Het enige wat we willen, is dat uw familie ons betaalt. We hebben geld nodig voor de armen.' En ik zei: 'Maar we hebben al ons hele leven de armen geholpen.'

Hij heeft me altijd goed behandeld, we praatten zelfs serieus. Hij was godsdienstig. Ze noemden hem de pastoor. Hij vroeg: 'Wat vindt u leuk om te doen?' Ik antwoordde: 'Ik houd van schilderen.' Toen kwam die ander binnen, de slechte. De aardige man deed een poging om de slechterik zich goed te laten gedragen en zei: 'Weet je dat we hier een schilderes hebben?' 'O, een schilderes, en wat maakt ze?' 'Ik ben portretschilder,' antwoordde ik, want daar studeerde ik voor in Rome. Ik had ze om een potlood en papier gevraagd. Maar toen ik dat zei, pakten ze het van me af.

Natuurlijk, ze wilden niet dat jij een portret van ze zou maken.
Nee... stom. Nou ja. Wat me voor mijn gevoel toen heeft geholpen, was dat ik veel aan yoga had gedaan.

Dat wist ik niet.
Ik heb een jaar of drie opgetrokken met Cristi García. We hebben samen yoga gedaan.

Tijdens mijn ontvoering ging ik de hele dag in een yogahouding zitten. Als de ontvoerders eraan kwamen, zagen ze mij zo zitten. Ik kon niets anders doen. Dat is een goede ervaring voor mij geweest. Voor het eerst in mijn leven was ik alleen met mijzelf. Ik had geen boeken, niets. Ze pakten alles van me af. Een enkele keer namen ze de krant voor me mee en die verslond ik. Ik las zelfs de advertenties. Maar er waren grote stukken uitgeknipt, omdat ik in de krant stond. Elke dag stond mijn foto erin. En er stonden foto's van mijn dochters in, verhalen, van alles, want mijn oom was de journalist Mario Alvarado.

Wat goed dat je van een vreselijke ervaring iets moois hebt weten te maken. En dat je toen hebt geleerd om alleen met jezelf te zijn.

Ik vond het mijn hele leven al prettig om alleen te zijn, maar er kwam altijd wat tussen. Met de meisjes en alles had ik nooit tijd om alleen te zijn. Tijdens mijn ontvoering had ik de hele dag voor mezelf. Het is voor mij dus geen slechte ervaring geweest. Ik geloof dat het alleen-zijn een leerschool voor me is geweest. Later heb ik me gerealiseerd dat het een test was en dat ik echt sterk ben.

Ja, ongelooflijk! Zou je een boodschap mee willen geven aan de lezers?

Zie overal de goede kant van. Alles heeft een goede en een slechte kant. Je moet positief zijn en de goede kant zien. Soms is dat moeilijk, bijvoorbeeld als je een probleem hebt.

Er is iets wat ik mijn hele leven voor ogen heb gehad. Mijn vader zei het een keer, en dat is me bijgebleven: behandel de ander zoals je zelf behandeld wilt worden.

Voor mij is iedereen gelijk. Ik ga met iedereen hetzelfde om. Maar als je een slechte vibratie voelt, waarom zou je dan jezelf naar beneden laten halen? Dat heb ik in Marokko meegemaakt. Ik voelde een slechte vibratie bij bepaalde mensen. Toen dacht ik: laat ze maar, ik laat me er niet door raken.

Ja, goed omgaan met mensen. Zoals je zegt: de ander als jezelf behandelen en altijd de andere kant zien.

Ik verplaats me in de ander. Dat doe ik altijd. En dat heeft me erg geholpen.

Als mensen ruziemaken, als we een meningsverschil hebben – we hebben hier wel heftige discussies gehad – drijf ik de zaak niet op de spits. Want als je onverschillig doet, je oren bedekt en zegt: 'Houd op, houd op,' dan wordt het erger. Dus wat je moet doen, is zeggen: 'Ik wil er nu even niet over praten.'

Dat is beter: afstand nemen.

Ik trek me terug, en zeg de volgende dag: 'Zeg, waar we het gisteren over hadden...' Je moet nooit een verhitte discussie voeren. Als je een verhitte discussie voert, en je gaat tegen elkaar schreeuwen...

... verslechtert de situatie. De kunst is om erop terug te komen en te proberen een oplossing te vinden.

Ja, dat is mijn filosofie in een notendop.

Beatriz Novella de Torrebiarte

> 'Houd altijd je doel voor ogen en leef
> volgens je principes.'
>
> *– Beatriz Novella de Torrebiarte,*
> *15 augustus 1941, Guatemala-Stad, Guatemala*

Ik ontmoette Beatriz in Guatemala toen ik achttien was. Ze was een van de oudere zusjes van Quique, mijn vriendje, met wie ik in die tijd dacht te gaan trouwen. Zij was een mooie, jonge vrouw met donker, zwart haar en ogen met de scherpe blik als van een vos. Quique, of Qüillo, zoals zijn zussen hem noemden, had net als zij prachtig zwart haar en zwarte ogen. Maar anders dan de ogen van Beatriz, straalden zijn ogen altijd vol mededogen.

Voor mij, als jonge vrouw in een vreemd land, was de familie van Quique als een tweede familie. Vanaf het begin heb ik mij welkom gevoeld bij deze familie. Ik was in die tijd jong en onzeker. De vele verhuizingen van onze familie, door het werk van mijn vader als Nederlandse diplomaat, hadden ervoor gezorgd dat ik niet zo stevig in mijn schoenen stond. Maar als ik met Quique bij Beatriz en Juan Miguel, haar man, op bezoek was, voelde ik mij opgenomen. Ik hoefde mij niet anders of beter voor te doen, dat was fijn. Hun vriendschap bleek oprecht te zijn toen Beatriz en María Olga met mij contact bleven houden nadat mijn relatie met Quique tot een einde kwam, na de verhuizing van onze familie naar Mexico. Beatriz heeft mij samen met Juan Miguel in Mexico bezocht. Dit heb ik als bijzonder ervaren, een bewijs van onze wederzijdse vriendschap, die later ook de testen van de tijd zou doorstaan.

In 1991 kreeg ik de mogelijkheid om terug te gaan naar Guatemala. Ik had een moeilijke tijd op dat moment in mijn leven en een goede vriendin, die ook in Guatemala woont, bood mij een ticket aan om haar te komen bezoeken. Dit bleek een bijzonder cadeau. Niet alleen had ik alle tijd om met mijn vriendin Carol te zijn, ook heb ik toen Quique en zijn zussen weer ontmoet. Carol organiseerde een feestje en Quique kwam. Hij kwam gelukkig alleen, omdat zijn vrouw op dat moment in het buitenland was. Wij hadden elkaar lang niet gezien en onze levens waren verdergegaan. Wij waren beiden getrouwd, hadden kinderen.

Het weerzien was heerlijk. Wij hebben de hele nacht gepraat en elkaar verteld dat wij veel van elkaar hadden gehouden. Hij dacht dat ik het in die tijd had uitgemaakt en ik heb altijd gedacht dat hij niet verder wilde. Ons gesprek was helend voor ons allebei. Wat ik toen niet wist, is dat ik hem daarna nooit meer zou zien. Een paar jaar later stortte het privévliegtuig neer waarin hij samen met een vriend zat. Hij was op slag dood. Dit was een grote schok voor me, ik kon het niet geloven toen ik het hoorde. Ik belde zijn zus in Guatemala en zij bevestigde dat het waar was. Pas op dat moment begreep ik hoe belangrijk het was geweest dat wij elkaar hadden kunnen zien en spreken. Dat is een grote zegen geweest. Wij hadden de kans om de liefde te bevestigen die tussen ons was en altijd zou blijven, zij het in een andere vorm.

Afgelopen jaar ben ik naar Guatemala gegaan om de twee zussen van Quique te interviewen voor mijn boek. Het was heerlijk om ze weer te zien. Ik kreeg pijn in mijn hart toen ik een van de laatste foto's van Quique zag staan in een lijst op de salontafel van María Olga. Hem zou ik nooit meer zien.

De tijd die ik met María Olga, Beatriz en haar man heb kunnen doorbrengen was mooi. Samen met de twee zussen ben ik mee naar zee gegaan, waar ze beiden prachtige huizen hebben. Daar aan zee heb ik de twee interviews gedaan. De band die ik met hen heb en de liefde die ik voor ze voel is voor altijd.

Patricia Blok in gesprek met Beatriz Novella de Torrebiarte

Wil je over je jeugd vertellen? Hoe ben je opgegroeid, wat was jouw plek in de familie? Wat was belangrijk voor je?

Ik heb mijn hele jeugd in La Pedrera gewoond. Mijn ouders waren bijzonder liefdevol. Soms verwenden ze ons misschien een beetje te veel, maar we hadden een gelukkig leven. La Pedrera was een groot landgoed, het lag afgelegen, buiten de stad. Omdat het zo ver weg was, kregen wij thuis les als we niet naar school konden.

Mijn moeder deed alles voor ons. Ze maakte een keukentje voor ons, met vormpjes en al, om mee te spelen. En we hadden een eigen theater met verkleedkleren. We gingen ook fietsen. Ik was wel altijd bang, mijn hele leven al, maar María Olga, mijn zus, niet. Ze durfde veel meer en nam meer risico's. En dat heeft me moeite gekost, het is zwaar als je zo bang bent. María Olga reed paard, ik niet. Toch heb ik voor mijn gevoel een gelukkige jeugd gehad.

Waar ik de meeste herinneringen aan heb, en waar ik nog van droom, is het eerste huis waar we woonden. Dat huis was een paradijs voor mij. Het was mooi, maar niet luxueus. Het was een temblorera, een houten huis, en daarom was het schokbestendig en stortte bij een aardbeving niet zo snel in. Langzaam aan werd er steeds een deel bij gebouwd, zo groeide het huis. Ik heb er zoveel mooie herinneringen aan. Natuurlijk maakte ik er ook ruzie met María Olga, met mijn broers en zusje, dat is normaal.

María Olga had meer vriendinnen, ik had er maar weinig. We waren vaak thuis. De mensen die in het centrum woonden of in zone tien, waar vroeger de villawijk begon, gingen naar de film, ze kwamen bij elkaar... Maar wij niet, we leefden geïsoleerd. Daar kwam bij dat mijn ouders me op jonge leeftijd ergens anders op school hebben gedaan. Dat deden alle ouders toen. Als je vijftien was, stuurden ze je naar een school in het buitenland.

Waar hebben ze je naartoe gestuurd?
Naar Amerika. Ik ging naar een nonnenschool van het Heilig Hart in St. Louis, Missouri.

Met María Olga, of jij alleen?
María Olga is een jaar eerder gegaan, naar een andere school. Ze zat eerst in New York, en daarna ging ze net als ik naar de School van het Heilig Hart.

Toen ik naar Amerika ging, raakte ik een paar vriendinnen kwijt. Van mijn toenmalige schoolvriendinnen heb ik geen enkele vriendschap overgehouden. Ik had wel vriendinnen, maar buiten school.

Heb je daar wel vriendinnen gemaakt?
Ja, ik had een goede vriendin, een Colombiaanse: Stella Navarro. Ik heb goede vriendschappen gesloten. Het waren oprechte vriendschappen, omdat we schoolvriendinnen waren. Het ging er niet om wie meer heeft en wie minder.

Status en geld speelden vooral vroeger in Zuid-Amerika een grote rol. Een van jouw kwaliteiten is dat je oprecht bent en verder kunt kijken dan dat. Als je zo terugkijkt op je leven, wat beschouw jij dan als je talenten? Je kunt het ook eigenschappen noemen.

Ik zie mezelf als authentiek en eenvoudig. Ik probeer niet moeilijk te doen. Ik neem soms afstand als ik nog niet weet of iets goed of slecht is. Ik neem afstand van het probleem dat zich op dat moment voordoet.

Van je familie bedoel je, familieproblemen?

Ja, en dat heb ik ontdekt bij de ontvoering van mijn moeder, van María Olga, en uiteindelijk van mijn zoon Andrés.

Wil je daarover vertellen? Hoe kon je staande blijven in zo'n moeilijke situatie? Het waren drie verschillende en vreselijke ontvoeringen. Alle drie binnen je familie, heel dichtbij. Wie werd het eerst ontvoerd?

María Olga, dat kwam volkomen onverwacht. Wat María Olga is overkomen, verliep voor mij het minst zwaar. De ontvoering van mijn moeder was voor mij veel zwaarder. Ik hoorde alles via Juan Miguel, mijn man. Hij deed de telefoontjes met de guerrilla en maakte contact met de ontvoerders. Hij deed alles.

Wat mijn moeder is overkomen, was verschrikkelijk, omdat ze al zo oud was. Het was angstwekkend en er kwamen zoveel onbekende factoren bij. De stress was soms onhoudbaar...

En wat Andrés overkwam, was nog erger. Hij is mijn zoon.

Hoe oud was hij toen het gebeurde?

Zevenendertig jaar. Het was verschrikkelijk! Ze hadden ook een neefje van Juan Miguel, Peter, ontvoerd. Ze hebben Peter een tijdje vastgehouden, maar niet zo lang als Andrés. De manier waarop ze Andrés ontvoerden, was verschrikkelijk. Ze schoten hem in zijn elleboog, het is een wonder dat hij nog leeft. Ze sleurden hem uit zijn auto. Mensen zagen het gebeuren vanuit een gebouw. Hij werkte bij Las Margaritas, een cementfabriek. Ze hebben ook nog een vinger bij hem afgehakt. Dat heb ik later pas gehoord. Op dat moment wisten we niets.

De ontvoerders waren criminelen, héél slechte mensen. Mijn moeder was ontvoerd door de guerrilla, zoals we later vernamen. Maar Andrés niet, hij was verraden door een jongen: Carlos, zijn bodyguard.

Heeft zijn bodyguard hem verraden?
Ja. Andrés, is edelmoedig, een goed mens. Hij hielp Carlos vaak. Op een dag vlak voordat hij werd verraden, zei hij tegen me: 'Kun je eens uitzoeken waar Carlos woont, dan kunnen we hem helpen.' Carlos heeft de ontvoering niet overleefd. Hij stierf in het ziekenhuis, aan zijn schotwonden. En Andrés was er nooit opgekomen dat hij het was geweest. Dat kwam later pas.

Wat Andrés is overkomen was angstwekkend. Ik ben gelovig, katholiek. Ik ben niet de hele dag aan het bidden. Maar toen dat gebeurde met Andrés, dacht ik: hij moet worden gered! Onze familie is altijd katholiek geweest. In die tijd kwam een van mijn nichtjes bij me en zei: 'Beatriz, heb je niet een plaatje van Don Bosco, die heilige die zoveel wonderen heeft verricht?' De dag daarna waren wij beiden in het huis van mijn moeder, want mijn vader was al ziek. Daar vonden wij een medaille van Don Bosco. Mijn nichtje pakte hem onmiddellijk en hing hem om mijn nek. 'Nu kun je ernaar kijken en tot Don Bosco bidden!' Ik heb de medaille sinds de ontvoering van Andrés altijd bij me gedragen. Als ik ergens heen ga, stop ik hem in mijn beha, zodat niemand hem kan zien.

Ik heb nog een miraculeuze medaille om mijn nek, van de Maagd Maria. Ik bad tot de Maagd en ik bad tot Don Bosco. En ik ging de rozenkrans van de barmhartigheid bidden. Ik was zo wanhopig in die tijd. De dag van Maria Hulp der Christenen valt op de verjaardag van María Olga. De dag ervoor zei ik tegen haar: 'María Olga, mag ik alsjeblieft jouw afbeelding van de Maagd lenen?' María Olga heeft een afbeelding van een Maagd in haar keuken hangen, ze had die al als meisje. Ik kreeg hem mee en ik begon tot haar te bidden. Zelfs Juan Miguel ging bidden, hoewel hij niet iemand is die veel bidt.

Hebben jullie samen gebeden?
Nee, ik bid bijna nooit samen met mijn man. Maar als ik alleen was, bad ik: 'God, help ons om Andrés terug te krijgen, hij moet komen opdagen. Help me, want ik weet het niet meer.' Dat was op 23 mei. Op 24 mei lagen we in bed toen Juan Miguel belde en zei dat Andrés op was komen dagen. Ik geloof niet in wonderen, maar ik geloof dat dát wel een wonder was.

Die gebeden hebben zeker geholpen. Praten met God is een groot talent! Je hebt veel talenten! Een daarvan is zeker de manier waarop je voor je familie zorgt.
Ik ben ook dol op schilderen en ik houd ervan dat mijn huis op orde is.

Woninginrichting, dat vind je fantastisch. Je hebt een paar prachtige huizen. Je huis in de stad is als een paleis... Het huis in Chula Mar aan de zee vind ik ook prachtig.
Ja, Irene, mijn dochter, is ook heel artistiek. Ik denk dat ik mijn kinderen goed heb opgevoed.

Dat is een grote gave.
Ik wilde dat ze eenvoudig zouden zijn en authentiek, en godzijdank is dat zo. Ik houd van mensen die authentiek zijn, die geen domme dingen doen, maar zijn zoals zij zijn...
Juan Miguel is ook zo natuurlijk. Hij is al jaren directeur van de bank. Hij was voorzitter van de Kamer van Koophandel, toen hij net over de twintig was. Toen Juan Miguel jong was, is zijn vader overleden. De kinderen kwamen zonder vader te zitten.

Ze moesten dus alleen volwassen worden.
Ja, maar ze hebben van veel mensen hulp gekregen. Allerlei mensen waren echt fantastisch. De ouders van Juan Miguel waren gescheiden toen hij zeven was. Juan Miguel en zijn broers woonden bij hun vader. Ze wisten zich geen raad toen hij overleed.

Woonden ze niet bij hun moeder? Dat was uitzonderlijk voor die tijd.

Nee. Ze woonden allemaal bij Don Miguel, tot hij stierf. Don Miguel was een geweldige vader. Ze woonden in Cobán, in de bergen, op een landgoed waar de koffieplantages zijn.

Juan Miguel was dol op zijn vader. Hij was streng met hem, maar ook liefdevol. Juan Miguel heeft aan zijn vader een goed voorbeeld gehad. Toen onze kinderen jong waren, gingen wij overal met ze naartoe. We maakten uitstapjes, vooral in de natuur. We gingen naar de Río Dulce, we keken naar de zee en de sterren bij nacht.

Wat heerlijk!

Jazeker. Ik denk dat ik dat aan mijn kinderen heb meegegeven: dat ze de simpele dingen in het leven konden leren waarderen.

Het zijn goede ouders geworden, ze zijn goed getrouwd.

Jij hebt ze een goed voorbeeld gegeven. En zoals gezegd wordt: 'Een goed voorbeeld doet goed volgen.'

Maar het kan ook zijn dat ze opstandig zijn en zeggen: 'Wat saai om net als mijn ouders te zijn, ik ga het anders doen.' Dat gebeurt vaak. Gelukkig zijn mijn kinderen tevreden. Ze werken hard, ze hebben carrière gemaakt. Irene is naast moeder ook een erkend fotografe geworden. Ik denk dat een stabiele omgeving thuis een goede basis voor mijn kinderen was. Daar hebben ze veel aan gehad, zo hebben ze dat zelf ook ervaren.

Jij kon de liefde van jouw ouders mooi voortzetten met je gezin en met je kleinkinderen.

Ja, precies. En van jongs af aan moet je ze dat bijbrengen. Dat ze respect hebben voor anderen, dat ze authentiek zijn, dat ze niet dik doen. Er wordt over ons gezegd dat we miljonair zijn. Maar er zijn duizenden mensen die meer geld hebben dan wij. Dat hebben mijn ouders ons ook geleerd.

Ja, dat je eenvoudig blijft, ook al heb je een goede of rijke positie in de maatschappij.

Ik ben er tevreden over hoe ik mijn kinderen heb opgevoed. Op een keer gingen we met Juan Miguel en mijn schoonzusje op reis naar Duitsland. Het was een zakenreis en er ging ook een man mee die voor ons in de fabriek werkte, Jorge Lepe. Hij was nog jong en had kleine kinderen. Nu is hij bedrijfsleider en hij is een goed mens. Hij heeft drie zonen. Hij zei toen: 'Beatriz, ik wil dat mijn kinderen net zo worden als uw kinderen.' En ik antwoordde: 'Dank u wel, Jorge. Bedankt, want u hebt lieve jongens.' Dat iemand zoiets tegen je zegt, is vleiend.

Ik vind het bijzonder dat je vaak met je zoon praat als er problemen zijn, en dat hij jou kan helpen. Jullie hebben een hechte band, een relatie vol liefde en respect. Dat herken ik ook met mijn eigen zoon. Je kinderen kunnen je op een liefdevolle manier je blinde vlekken laten zien.

Precies!

En dat is wederzijds.

Ja, José, mijn oudste zoon, zou zich nooit met mijn beslissingen of mijn zaken bemoeien. Ik vraag hem nooit iets, maar als ik ergens mee zit, praat hij met mij. Hij laat mij goed nadenken. Dat had ik vroeger nooit gedaan, maar nu wel. Ik denk dan: José heeft gelijk, om die en die reden.

Irene is erg gesloten. Zij is niet iemand die je de hele tijd opbelt, maar ze zit helemaal op de juiste plaats. En Andrés ook.

Ja, dat is het grootste geluk. Al heb je al het geld van de wereld, maar je hebt dát niet, dan heb je niets. Jij hebt dat geluk echt beleefd. Je bent als de spin in het web geweest. Met jouw liefde hield je alle touwtjes in handen.

Het kost soms wel moeite. Maar ik heb het grote voordeel dat ik bijna alleen jongens heb. Er is maar één meisje. Als er meer meisjes zijn, is het misschien moeilijker.

Wat hielp jou in de tijd van de ontvoeringen erdoorheen als je echt wanhopig was? Wat heeft je kracht gegeven: het gebed, het geloof...?

Vooral het geloof. En ook de steun van Juan Miguel.

Je hebt een fijne relatie met je man. Ook met de rest van de familie zijn jullie close.

Ja, Juan Miguel was bij alle drie de ontvoeringen betrokken bij de onderhandelingen met de ontvoerders. En ik kon alles met hem bespreken. Dat miste María Olga. Zij had niemand om mee te praten. De spanning die ontstond toen mijn moeder werd ontvoerd, heeft mijn vader de hersenbloeding bezorgd.

Juan Miguel is intelligent op verschillende manieren. Niet alleen op zakengebied, emotioneel begrijpt hij veel van mensen. Hij combineert ratio met emotie en heeft een goede balans tussen het vrouwelijke en het mannelijke deel in zichzelf. Hij is groot en ziet er mannelijk uit. En hij heeft zijn hart op de goede plaats.

Hij is assertief en weet van alles. Misschien komt het door alles wat hij als kind moest meemaken. Dat zijn moeder het gezin verliet, was erg. Zijn ouders woonden toen in Cobán. Toen Juan Miguel zeven was, gingen Don Miguel en Doña María op reis naar Europa. Maar Don Miguel kwam alleen terug. Op een dag zei hij tegen zijn zonen: 'Jullie moeder komt niet meer terug. Jullie zullen haar bijna niet meer zien.' Vanaf dat moment zagen Juan Miguel en zijn broers hun moeder twee weken per jaar.

Is zijn vader opnieuw getrouwd?

Nee. Zijn moeder wel. Zijn vader had een relatie met een vrouw, maar ze woonden niet samen. Zij was zijn maîtresse. Maar zij had slim bedacht: ik geef hem een kind om hem bij me te houden. En ze kregen twee zonen.

Maar hij nam haar niet in zijn huis op.

Nee, dat heeft hij niet gedaan. Juan Miguel en zijn broers hingen erg aan hun vader. Ze zeiden: 'Papa, Nora is een goede vrouw, maar wij willen haar niet in huis.'

Juan Pablo, de jongste zoon van Nora, is een 'heilige'. Hij is pater. Hij heeft ons veel gesteund in de tijd van de ontvoeringen. Er waren niet veel mensen met wie we konden praten. Het was gevaarlijk als er dingen in het oor van de verkeerde persoon terechtkwamen.

Er waren weinig mensen die je kon vertrouwen. Het was het geloof dat me veel kracht en hoop heeft gegeven. Sinds zijn ontvoering is Andrés ook gelovig geworden. Terwijl Jessica, mijn schoondochter, dat niet is. Je leert zoveel van die moeilijke situaties in het leven.

Ik weet niet of María Olga je dat verhaal heeft verteld, en of ik daar nu over zal praten... over Qüillo, mijn broer.

Zoals je wilt...

Het weekend dat Qüillo stierf, ging hij vissen bij de Río Dulce. Hij ging op donderdag weg en kwam zondag terug. En 's maandags was het proces van de ontvoerders van Andrés.

Ik heb op zondag met hem gesproken. Ik had nooit kunnen vermoeden dat dat de laatste keer zou zijn. Zoals je weet, woonden wij allemaal naast elkaar. Ik ging op weg van huis, maar er was veel verkeer. Plotseling kwam Qüillo eraan. Hij stapte uit de auto... Hij droeg een hawaïhemd, en hij gebaarde naar me, maar hij zei niets. Hij had kennelijk haast. Qüillo ging daarna nog naar Gladys Ascensión* en liet haar een vis zien: 'Kijk eens wat een vis ik heb gevangen!' En Gladys zei later tegen me: 'Wat vreemd, ik zie Qüillo nooit. Ik houd veel van hem, maar ik zie hem nooit.'

Maandag was het proces. Ik moest getuigen bij het gerechtshof. Het was net als in een film. Ik had er een hekel aan om in

---

*Ascensión betekent Hemelvaart.

het openbaar te spreken. Ik dacht: God, geef me kracht, want die heb ik niet meer. Ik wist wat ik moest zeggen. Ik moest getuigen over de auto waarin Andrés en zijn bodyguard zaten toen de ontvoering plaatsvond: een rode auto. Dat was de auto van Andrés, die hij gebruikte als hij naar de universiteit ging.

Ik moest als laatste getuigen. Ze riepen je een voor een op. Ik zei: 'Mijn God, waarom ben ik niet eerder?' Maar ik was de laatste. Op dat moment belde Carmelo, de broer van Juan Miguel. Juan Miguel zei: 'Wat wil je? Wat is er? Wij zitten in het gerechtshof!' 'Ik bel je om een vreselijke tragedie te vertellen. Het vliegtuigje van Quique is neergestort terwijl hij erin zat, en hij is overleden.'

Ze hebben mij op dat moment niets verteld. José Miguel wist het en Jessica, de vrouw van Andrés, maar Andrés niet. Ze wilden het Andrés niet vertellen, want het was voor hem al afschuwelijk genoeg om geconfronteerd te worden met degenen die hem kwaad hadden gedaan.

Ik zag Juan Miguel weggaan en weer binnenkomen. Ik dacht: ik hoor nog wel wat er aan de hand is. En toen zeiden ze tegen me: 'Beatriz, jij gaat eerst.' Toen deed ik de medaille van Don Bosco om, die in mijn portemonnee zat, en stond op. Ik ging naar binnen, ik getuigde, legde de eed af, en ik zei wat ik moest zeggen. En het ging goed. Ik vond het vreselijk om de gezichten van de ontvoerders te zien terwijl ik tegenover ze stond. Ik keek of ik Qüillo zag, want ik dacht dat hij ook bij ons was. Ik getuigde, stond op en ging tussen het publiek zitten. Daar zitten mensen om te luisteren naar de getuigenissen. Als je wilt, kun je altijd een proces bijwonen. Adelita de Torrebiarte was er, die nu in de politiek zit, Dyan, José en José Miguel.

Je zoon?

Ja. José pakte mijn hand met tranen in zijn ogen, en ik dacht dat hij geëmotioneerd was door dit alles. Maar het was omdat hij wist dat Qüillo was overleden. Andrés kwam er ook bij en ik dacht: Wat fijn, ik ga Qüillo bellen, en dan gaan we wat drinken. We stapten in de auto en Juan Miguel pakte mijn hand. Hij is niet iemand die de hele tijd mijn hand pakt. Ik dacht: ik ga zo tegen Qüillo zeggen dat we elkaar vanavond zien en dan wat gaan drinken op het feit dat dit nu voorbij is. Toen we thuiskwamen, zei Juan Miguel: 'Ik heb een slecht bericht voor je.' Het eerste wat ik zei was: 'Papa.' 'Nee, nee, Qüillo.' Ik zei tegen hem: 'Hij is zeker verongelukt met de motor.' 'Nee,' zei hij. De paniek die je dan voelt... ik kon het op dat moment niet geloven...

En na alles wat jullie hadden meegemaakt! Wat verschrikkelijk!

Ja, het was verschrikkelijk, maar ik besefte dat je goed je emoties in bedwang kunt houden. Ik dacht: ik ben iemand die zich kan beheersen. Soms kun je boos worden om iets onbenulligs, je raakt gespannen, maar wanneer je in zo'n situatie zit, geeft God je kracht.

Dat is waar.

Je denkt: na dit alles... En dan dat verdriet om Qüillo. Maar dan denk je: ik heb al zoveel situaties doorstaan. Later hebben we meer geluk gehad in de familie. Maar toen was Qüillo dus al overleden, en la Nena, mijn nicht van vierenzestig jaar. In die tijd zeiden ze: 'O, maar la Nena is al oud.' En dan te bedenken dat ik die leeftijd al gepasseerd ben.

Je hebt dat allemaal meegemaakt, en ook geaccepteerd. Je hebt het goede behouden: de liefde die er was. Dat kan niemand je meer afnemen. Je bent ouder geworden maar niet verbitterd.

Ja, natuurlijk. Dat is gewoon het leven.

Het is bijzonder hoe het leven geeft en neemt.

En jij hield zoveel van Qüillo. Dat was heel belangrijk.

Jullie waren ook zo lief voor mij, je moeder, María Olga en jij, en ook Juan Miguel. Nadat de relatie met Qüillo afgelopen was, wat een moeilijke periode voor mij was in Mexico, hebben jullie mij altijd ontvangen. Dat zal ik nooit vergeten.

Ja, vanzelfsprekend. We voelen genegenheid voor je. Juan Miguel zei altijd... en net nog: 'Wat is Patricia toch een leuk mens, en zo lief. Jammer dat ze niet met Qüillo is getrouwd.'

Ja, het leven is nu eenmaal zo gegaan. Je moet accepteren wat je moet accepteren, je hebt dan geen keuze.

Het is niet zo dat ik niet van Lourdes, zijn vrouw, hield. Ik houd veel van haar. Maar jij voelde een bijzondere liefde voor Qüillo, en hij voor jou.

Ja, we hadden een bijzondere liefde. We kenden elkaar al van jongs af aan en we leken erg op elkaar. We waren als soulmates, vanaf het moment dat hij de deur binnenkwam. Ik kende hem niet.

Hoe heb je hem leren kennen?

Mijn zus Diana zei tegen me: 'Er is op het ogenblik hier in Guatemala een jongen die in Amerika studeert. Hij wil je leren kennen. Hij is een aardige jongen uit een goede familie.' Ik zei: 'Oké, laat hem maar komen.'

Hij kwam met een grote, groene auto, een Ford Camaro. Hij parkeerde die tegenover mijn huis. Ik deed de deur open, hij kwam de hal in en zei: 'Hallo.' Ik antwoordde: 'Hallo,' en het was alsof we elkaar al kenden. Heel vreemd, ik kan het niet uitleggen.

Het was een ontmoeting die anders was. Een herkenning... van ziel tot ziel, of van mens tot mens. Ik zei: 'Kom binnen.' En vanaf dat moment waren we verbonden. En ook toen ik jullie leerde kennen, ging alles zo natuurlijk, helemaal goed en vrolijk.

Dat komt ook omdat jij zo bent: natuurlijk en authentiek. Dat voelt iemand.

En hij was ook zo. Dat trok me zo aan in hem... onder andere... Hij was ook knap.
Ja, Qüillo was eenvoudig en erg knap!

Jij hebt al veel van je dromen gerealiseerd. Je hebt een leuke familie, kleinkinderen, prachtige huizen die je hebt ingericht. En Juan Miguel en jij hebben een bijzonder huwelijk. Ik ken maar enkele mensen die zo goed samen passen in een relatie, waarin jullie ook de ander ruimte en respect geven.
Een relatie vol respect en liefde, dat lijkt me een voorbeeld voor vrouwen van alle leeftijden. In de liefde geloven, en die geven. Maar het is niet genoeg om het te kennen, je moet er ook aan werken.
Ja, het komt bij je naar boven, maar je moet er ook aan werken.

Maar als het naar boven komt, is dat omdat het van twee kanten komt. Twee personen willen dat commitment. En dan blijven ze van elkaar houden en aan de relatie werken. Ze leren met hun conflicten omgaan en ze op te lossen. Dat maakt dat het goud wordt, en geen zilver of aluminium of koper. Goud doorstaat alle testen.
Ja.

Is er nog een droom die jij zou willen realiseren?
Ik wil graag meemaken dat mijn kleinkinderen goede mensen worden. Ik zeg niet wat voor carrière, want ze zijn nog klein. Maar mijn droom is dat ze min of meer het voorbeeld volgen dat ik mijn kinderen heb gegeven, en ik geloof dat ze daar goed in slagen. Mijn kinderen hebben hun kinderen goed opgevoed. Er zijn nog wel een paar kleintjes, die moeten nog groeien.

Ik zou willen meemaken dat het gelukkige mensen worden. En om gelukkig te zijn, moet je een doel hebben en principes.

Dat is waar. Principes en een doel, dat is belangrijk.
Wat heb je eraan om te zeggen: 'Kijk, ik heb een auto, ik heb een motor,' en noem maar op, als je vanbinnen leeg bent.

Jouw boodschap is: je moet principes hebben en een doel.
Ja, dat geloof ik. Ik ben nu zeventig jaar, dat is niet al te jong meer. Ik zou nog graag willen reizen en andere plaatsen leren kennen. Ik zou naar interessante plaatsen willen gaan, zoals jij nu doet met je boek. Een reis met een doel. Dan zie je dingen op een andere manier, vanuit een ander gezichtspunt. Niet zoals ik vroeger reisde: hé, laten we hierheen gaan, laten we daarheen gaan. Maar een reis waarbij je echt iets kunt leren. Ik zou dat graag met Juan Miguel doen.

En anders met vriendinnen?
Voor mij is mijn familie het belangrijkst. Ik wens dat het mijn kleinkinderen goed gaat in het leven, dat ze succes hebben.

En jij kunt een wijs iemand zijn bij wie ze terechtkunnen als ze het moeilijk hebben. Jullie zijn een gouden familie.
Ja, maar het is niet zo dat ze allemaal fantastische beroepen zullen hebben. Het kan zijn dat sommigen wat meer dan anderen worden. Dat is al zo. Je moet ze stuk voor stuk bekijken. Mijn kinderen zijn op school nooit briljante leerlingen geweest. José Miguel was verlegen op school. Ik herinner me nog dat een leraar tegen me zei: 'José Miguel is zo verlegen, hij zou iets kunnen leren van Thom en Roberti.' Ik zei: 'Waarom?' Dat viel slecht bij me, die leraar heb ik laag zitten.

José Miguel was inderdaad verlegen. Maar toen hij van school kwam, is hij een cursus Engels gaan doen in Colorado.

Terwijl hij zeventien was! Hij ging alleen. Hij verbleef in een huis waar hij het niet echt fantastisch heeft gehad. Daarna ging hij naar de universiteit, haalde zijn Master degree, ging naar het Incai. Inmiddels wordt José Miguel bewonderd in zijn beroep, net zoals Andrés. En José Miguel spreekt nu in het openbaar. Hij heeft zijn verlegenheid weten te overwinnen en is nu een goede leider.

Hij heeft veel kwaliteiten ontwikkeld.
Anderen praten erop los, maar daar gaat het niet om in het leven. Mijn dochter was als kind opstandig. Later ontwikkelde ze haar creativiteit.

Ze heeft haar weg gevonden als kunstenares, en daarbij heeft ze nog een gezin.
Ja. Dat geeft mij veel voldoening.

Wil je een geheim meegeven aan de lezers van dit boek?
Voor mij is het het belangrijkst dat iemand authentiek is en eenvoudig. Het gaat om het hebben van principes, iets hebben om voor te leven. En geloof hebben in God. Ik zeg niet voortdurend tegen mijn kinderen: 'Zijn jullie wel naar de kerk gegaan?' En ga zo maar door. Irene zegt soms: 'Ja, mama, dat weet ik wel.' Maar zo was ik ook met mijn moeder. Je leert er steeds wat bij. Naarmate je ouder wordt, ga je dat beseffen. Het stoorde mij als mijn moeder zei: 'Wat ziet je haar er toch uit!' 'Laat me met rust, dat weet ik wel.' Dat is natuurlijk. Je moet het dus nemen zoals het is.

Met je kinderen moet er een grote vertrouwensband bestaan. Ik had gisteren een kleine woordenwisseling met José. Toen zei José: 'Nee, we kunnen er beter later over praten.' En daar heeft hij gelijk in. Maar er moet ook een beetje confrontatie zijn, anders wordt het leven saai!

Ja, je leert van conflicten, van wrijvingen.

Ik heb met Juan Miguel ook weleens een discussie. Maar je leert en gaat de confrontatie aan. Dat moet een deel van je leven zijn.

In een goede relatie moet je conflicten kunnen oplossen. Het is niet zo dat er geen conflicten zijn, . Je kunt **agree to disagree!** *Je respecteert elkaars verschillen. En zo gaan wij altijd weer verder, altijd mooier...*

Winter

Doe wat je van plan bent
Later kan te laat zijn
Samen zijn in plaats van samen doen
Kijk niet meer zo vaak naar jezelf in
de spiegel, kijk liever naar de natuur,
daar word je blij van!
Alles is mogelijk in een mensenleven

Mijn Verhaal

De winter is de laatste fase van je leven. Ik heb het geluk dat ik in mijn omgeving een aantal vrouwen ken die in deze fase zijn beland. Jammer genoeg zijn er al drie overleden voordat ik ze heb kunnen interviewen voor dit boek. Ik was het van plan, maar helaas is het er niet van gekomen. Dit is een van de wijze lessen die ik geleerd heb uit de winter: doe wat je van plan bent, later kan te laat zijn.

Het is niet iedereen gegeven om oud te worden. Vorige week overleed een leerling van de eerste lichting van mijn School voor Spirituele Coaching. Marie José is achtenvijftig geworden. Ze was een lichtje. Vanaf de eerste keer dat ik haar zag, ontroerde zij mij. Ze was puur en eerlijk. Ze heeft een vol leven gehad, met een eigen praktijk als schoonheidsspecialiste en spiritueel coach. Ze had ook een zoon en kleinkinderen. Maar Marie José heeft de winter niet meegemaakt.

Een van de vrouwen uit mijn leven, die ik mooi oud heb zien worden, was mijn moeder. Het was een schoonheid die voortkwam uit haar ziel. Ik hoop ook zo mooi te kunnen blijven. De laatste jaren van haar leven bezocht ik haar iedere week. Naast het feit dat ik het als mijn plicht als dochter voelde, wilde ik haar zoveel mogelijk meemaken. Ik wilde weten wie ze was als vrouw, niet alleen als mijn moeder. Ik haalde haar elke vrijdagmiddag op en wij gingen samen naar zee. Daar zochten wij een kuil in het zand, uit de wind. Dat was meestal haar idee; ze kende het strand daar en wist de goede plekjes. Soms lagen wij op onze rug op onze jassen. Wij keken samen naar de lucht en de wolken die voorbijgingen. Soms waren er korte stiltes, waarin we niets zeiden en alleen maar genoten van het samenzijn op het strand. Samen zijn kwam in de plaats van samen doen. Genieten van elkaars aanwezigheid, zonder dat je iets van elkaar hoeft of moet. Dat was fijn.

Later, toen ze niet meer goed kon lopen, gingen we samen op een terrasje zitten. Soms keek ik naar haar en zag een oude, wijze indianenvrouw uit Argentinië. Trots en sterk. Ik denk dat ik toen haar ziel zag. Ik zag wie ze was. Ik heb het haar jammer genoeg nooit gezegd.

Wij gingen ook samen lunchen in haar favoriete restaurantje in Scheveningen. We deelden altijd de rekening. Ik zal de laatste keer dat ik met haar aan zee was nooit vergeten. Het was winter en ze was kwetsbaar en moe. Wij reden met de auto naar de promenade en stapten even uit. Toen zag ik haar daar staan, heel mager in een veel te zware jas. Haar mooie kleine hoofd stak erbovenuit als op een kledinghanger, met dat prachtige, inmiddels dunne, grijze haar in een knotje achter op haar hoofd. Ze overleed in de lente.

De jongste zuster van mijn moeder, Pocha, was mijn peetmoeder. Ik heb haar in mijn jeugd niet zoveel meegemaakt omdat zij in Santa Fe, in het noorden van Argentinië, woonde, en onze familie was altijd in het buitenland. Mijn moeder nam ons, wanneer het kon, altijd mee naar haar moederland Argentinië. Mijn herinneringen aan ons eerste bezoek aan Pocha zijn vol kleur. Ik denk dat ik toen vier was, en mijn zus Diana leerde daar lopen met een houten eendje dat ze aan de lijn hield. Daarna gingen er jaren voorbij, wij woonden te ver weg en zagen Pocha en haar familie niet.

Maar toen mijn moeder oud werd en mijn vader overleden was, ben ik meerdere keren met haar naar haar zus gereisd. Voor-

dat mijn vader doodging, was mijn moeder bang om te vliegen. De eerste keer dat ik met haar na de dood van mijn vader naar Argentinië ging, viel het mij op dat ze niet meer bang was en van het vliegen genoot. Ik vroeg haar hoe dit kwam. Ze antwoordde: 'Als het vliegtuig nu naar beneden valt, vind ik het niet meer erg, want dan kom ik weer bij je vader.'

Ik leerde Pocha echt kennen toen ik later, nadat mijn moeder er niet meer was, elk jaar een paar dagen bij haar op bezoek ging als ik in Argentinië was. Dat was een feest. Omdat ze mijn peettante was, maakte ze altijd mijn favoriete eten klaar: empanada's! Ze woonde in een piepklein appartement in de stad. Ze had vaak de ramen dicht, zodat de hitte niet binnenkwam. Ik bezocht haar altijd als het in Nederland winter was en daar zomer. In Santa Fe is het in de zomer vaak veertig graden. In haar huiskamer had Pocha een speciaal hokje ingericht met alle Nederlandse cadeautjes die wij hadden meegenomen. Het waren vooral Delftsblauwe porseleinen poppetjes en molens. Ik nam zelfs een keer een Delftsblauwe kaasschaaf mee, wat ze raar vond, maar wel leuk. Ze noemde het 'de Nederlandse hoek'. Gelukkig is ze ook een paar keer bij ons op bezoek geweest, in de lente.

Mijn laatste bezoek aan Pocha was bijzonder. Ze vertelde mij dat ze een geliefde had in Buenos Aires. Omdat ze weduwe was, vond ze het beter om dit geheim te houden voor haar zonen, die inmiddels de vijftig waren gepasseerd. Ze zagen elkaar altijd stiekem.

's Middags hielden wij siësta. Ze deed haar nachtjapon aan en ik moest van haar hetzelfde doen. Ik sliep vlak naast haar in een kleine logeerkamer. Op een zwoele zomermiddag, terwijl ik in mijn kamertje lag met een oude, draaiende ventilator, hoorde ik haar roepen. Op de achtergrond klonk vrolijke muziek. Ik stond op en trof haar vrolijk in het rond dansend aan, in haar witte nylon nachtjapon, in het veel te nauwe gangetje van haar appartement. Ze nam mij bij de hand en zei: 'Kom, dit is de muziek die ik van Raúl, mijn vriend, heb gekregen, Los Nocheros!' En in

onze nachtponnen vlogen onze voeten samen van de grond, terwijl wij in elkaars armen dansten op het ritme van deze prachtige, Argentijnse carnavalsmuziek.

De volgende dag vertrok ik met de bus richting Buenos Aires. Dat zou de laatste keer zijn dat wij elkaar hadden gezien. Die winter overleed ze plotseling aan een hartstilstand. Maar die middag met haar na de siësta, en de dans en de extase die wij deelden, kan niemand van mij afpakken. Die is van mij en nu ook van jou, lieve lezer. Een moment dat tienduizend jaren telt. Een moment van echt leven!

Portretten van de winter: de laatste fase in zicht

Naarmate ik ouder word, voel ik mij op een bepaalde manier jonger. Als kind was ik serieus en verantwoordelijk. Dat ben ik nog steeds, maar ik kan mijzelf nu beter uiten en mag ook meer spelen van mezelf. Ik voel mij gezegend dat ik mijn moeder en peetmoeder Pocha tot in de winter van hun leven heb gekend. Er zijn nog twee vrouwen die, naarmate ik ouder werd, steeds belangrijker zijn geworden in mijn leven. Een daarvan is Lietje van Blaaderen. Lietje ontmoette ik op mijn vijfenveertigste, toen ik in een diepe crisis in mijn huwelijk was terechtgekomen. Ik kwam er niet alleen uit. Henk zei: 'Patricia, je gaat niet goed, ik zie het, maar ik kan je niet helpen. Je moet iemand zoeken met wie je kunt praten.'

Een aantal jaren daarvoor had ik in een workshop een vrouw ontmoet, die mij vertelde over haar crisis toen ze in de veertig was. Ik had haar naam en adres onthouden: Van Blaaderen in de P.C. Hooftstraat in Amsterdam. Ik zocht haar naam op in het telefoonboek en ze stond erin: Lietje van Blaaderen, zenuwarts. Mijn zenuwen waren op, dus ze leek mij precies de persoon die ik nodig had. Ik belde haar en maakte meteen een afspraak. Een vrouw met wit haar deed de deur open, ze moet ongeveer vijfentachtig zijn geweest. Eenmaal binnen, in haar huiskamer, kon ik kiezen uit allerlei verschillende stoelen, er stond zelfs een kinderstoel bij de kachel. Ik besloot in een gemakkelijke stoel tegenover haar te gaan zitten.

Ze vroeg mij te vertellen waarom ik zo droevig was. Ik begon te huilen en vertelde wat er niet goed was aan Henk en ons huwelijk. Ze liet me uitpraten en vroeg: 'Is er ook nog iets goeds aan je man?' Deze vraag schudde mij wakker, als uit een droom. 'Ja, natuurlijk,' antwoordde ik. En dat was het begin van een lang genezingsproces. Zowel van mijzelf als van onze relatie. Een van de dingen die Lietje mij leerde, was dat het veilig was om te praten over mijn emoties. En dat alles mogelijk is in een mensenleven.

Toen ze negentig was, schreef ze haar laatste boek: **Wat ouders niet weten.** *Dat gaat over de ouder-kindrelatie en de hechting die plaatsvindt tussen de geboorte en de eerste vier levensjaren van het kind. Haar stelling was dat kinderen die geen ouderliefde hebben, zich niet veilig kunnen hechten, en daar houden ze hun hele leven last van. En niet alleen dat; mensen die geen liefde hebben gekend in hun eerste drie levensjaren, hebben later meer kans om crimineel gedrag te vertonen en gewelddadige delicten te plegen.*

Samen met anderen heeft Lietje destijds een werkgroep opgericht: Psychiaters voor de vrede. En ze heeft tot laat in haar leven mensen behandeld die gewelddadige delicten hadden gepleegd. Ze noemde haar werk in de laatste fase van haar leven: Preventie van geweld.

Ik had veel bewondering voor haar, voor de manier waarop ze in het leven stond op oude leeftijd. Ze had een huis in de stad en ook een huisje buiten in de natuur. Ik vroeg haar een keer of ze het erg vond om oud te worden. Ze antwoordde: 'Ah, het is een bijzondere fase. Je moet alleen niet meer zo vaak naar jezelf in de spiegel kijken. Kijk liever naar de natuur: de dieren in de wei en de eenden die elk jaar terugvliegen. Daar word je blij van!' Ik vroeg haar een andere keer hoe ze alles wat ze had meegemaakt, had kunnen doorstaan en weten te overwinnen. Zij antwoordde: 'Dat komt omdat mijn moeder mij geweldig vond. Ze zei vaak tegen mij: "Lietje, jij bent helemaal oké!"'

De vriendschap en de liefde tussen Lietje en mij heeft mij geholpen om vele wonden uit mijn jeugd te helen. Toen ze op vijfennegentigjarige leeftijd doodging, kwam ik op haar begrafenis haar beste vriendin tegen. Ik had haar nog nooit ontmoet, maar Lietje had mij veel over haar verteld. Wat mij het meest bijbleef, is hun afspraak om de ander binnen vierentwintig uur terug te bellen als een van de twee belde omdat ze in nood was. Bij de begrafenis vroeg deze vrouw, Suzy, mij wie ik was, ze had mij nooit eerder gezien. Ik zei: 'Patricia.' Toen keek ze mij aan en haar gezicht lichtte op. 'Ben jij Patricia? Lietje hield veel van jou!' Dit was heerlijk om te horen. In mijn hart wist ik het al, maar om het te horen van haar beste vriendin, was een prachtig cadeau.

Het laatste portret van dit boek gaat over Jannie Wolfswinkel, mijn schoonmoeder van bijna vierennegentig. Ik ken haar net zo lang als ik Henk ken: zevenendertig jaar. Ik bewonder haar om haar moed en goede hart. Ondanks het feit dat ze veel heeft meegemaakt, is ze nooit bitter geworden. Het is een grote levenskunst, om ondanks alle teleurstellingen die iemand meemaakt gedurende een lang leven, je hart open te houden en te durven liefhebben.

Ik wilde de portretten van de winter eindigen met iemand die nog leeft. Jannie is een voorbeeld van een vrouw die alles uit het leven weet te halen, een leven vol passie en moed.

De winter eindigt in de hoop op het voorjaar dat komen gaat. Waarbij de ziel van de boom zichtbaar en kwetsbaar is en zich voorbereidt op de volgende fase.

Lietje van Blaaderen

'Blijf altijd wie je bent!'
– Lietje van Blaaderen, Rotterdam, 1911-Amsterdam, 2005

Lietje zei een keer: 'Een Patricia-zaadje kan alleen een Patricia-boom worden.' Ze bedoelde dat je er altijd zoveel mogelijk naar moet streven om meer van jezelf te zijn. Meer diegene worden die je bent. En ook dat wij onszelf moeten accepteren zoals wij zijn, en de ander ook. De ontmoeting met haar heeft mijn leven veranderd. Door de gesprekken die ik met haar had, die soms een uur en soms veel langer duurden, kwamen er gevoelens op die ik tot dat moment niet kende. In contact met haar kreeg ik nieuwe perspectieven, nieuwe inzichten. Ik ging anders naar mijzelf kijken, met meer liefde en acceptatie.

Soms vertelde zij over zichzelf. Ze heeft geen gemakkelijk leven gehad. Ze was als jonge vrouw met haar man en twee kinderen in een jappenkamp terechtgekomen. Haar man en zij waren in die tijd uit idealisme naar Indonesië gegaan. Ze dachten de mensen daar te kunnen helpen, maar in plaats daarvan werden ze gevangengenomen.

Ze vertelde dat ze aan het eind van de oorlog, toen ze eindelijk vrijkwamen en met een klein vliegtuig naar Engeland werden geëvacueerd, hoorde dat haar man dood was. Ze zat in het vliegtuig en haar zoontje vroeg: 'Waar is papa?' Dat vond ze het allerergst, om tegen haar zoontje te moeten vertellen dat hij zijn vader nooit meer zou zien.

Eenmaal terug in Nederland raakte Lietje in een zware depressie. Na alles wat ze in het kamp had meegemaakt en door het verlies van haar man, kwam ze in een periode van diepe rouw terecht. Het ergste vond ze dat ze het gevoel had er niet echt voor haar kinderen te kunnen zijn. Maar na een tijd raapte ze zichzelf bij elkaar. Zoals ze zelf vertelde: 'Op een ochtend smaakte mijn kopje koffie weer.' Haar leven ging verder. Ze ontmoette een nieuwe liefde, een kunstenaar. Met hem kreeg ze een derde kind. Ze beleefde in dit tweede huwelijk een gelukkige periode. Maar ook deze man heeft niet lang geleefd. Hij kreeg leukemie en overleed.

Na de dood van haar tweede man ging Lietje medicijnen studeren. Ze hoopte op deze manier meer inzicht te krijgen in het menselijk lichaam en de vraag waarom wij gezond zijn of ziek worden. Na deze studie besloot ze verder te gaan, ze wilde ook de menselijke geest beter begrijpen. Ze werd psychiater. De tweede helft van haar leven wijdde ze aan het bestuderen van mensen en hun verlangen naar liefde en acceptatie. Ze ontwikkelde een eigen methode van therapie en coaching.

Haar manier van werken met mensen is een voorbeeld geweest voor mijn eigen praktijk als coach. Ik bleef haar regelmatig bezoeken, ook toen ze al in de negentig was. Wij waren vrienden geworden. Af en toe kon ik haar helpen met het maken van fotokopieën van de teksten die ze schreef, of ik reed haar ergens naartoe.

De laatste maanden van haar leven wilde haar familie niet meer dat ze alleen zou wonen. Ze ging naar het Sarphatihuis in Amsterdam, waar Ramses Shaffy ook verbleef. Het is een inrichting voor demente bejaarden. Ze moest een kamer delen met vrouwen die soms de hele dag schreeuwden. Dat vond ik erg. Toen ik haar een keer vroeg hoe ze het daar uithield, antwoordde zij: 'Het is niet zo erg, ik kan hen af en toe helpen.'

Hoe kon zij, die zoveel voor anderen had gedaan, zo eindigen? Ik bleef haar daar bezoeken. Soms zei ze: 'Patricia, probeer de sleutel te pakken te krijgen, dan kan ik samen met jou vluchten.' In mijn hart wilde ik niets anders. Maar ik kon niet voor haar zorgen, *hoe graag ik dat ook had willen doen. Lietje werd vijfennegentig. Een jaar voor haar dood schreef ze mij een brief die eindigde met: 'Patricia, blijf lekker altijd Patricia, ook in je anders-zijn.'*

'De laatste fase in zicht', *het stuk dat hier volgt, is door Lietje twee jaar voor haar dood geschreven. Het gaat over de laatste fase van het leven, wanneer de winter ook bijna voorbij is, en de volgende fase een groot mysterie blijft.*

De laatste fase in zicht

Door Lietje van Blaaderen (1911-2005)

Uit:
Oud worden, hoe doe je dat?
Ervaringsdeskundigen aan het woord

Je hoort er nog wel enigszins bij, maar anders dan vroeger. De eenzaamheid in relaties, naast het bevrijd zijn van de onophoudelijke invloed van de aanwezige ander, kan welkom zijn. Alleen is niet echt alleen, het is opgenomen zijn in een verbondenheid die je zelf mee schept.

Dit verhaal gaat over een late fase in ons bestaan, als de kinderen al lang volwassen zijn, de kleinkinderen en achterkleinkinderen volop onderweg. De oude nesten van vroeger thuis en van jezelf met je kinderen zijn leeg. Gelukkig zijn er daarna nieuwe nesten gebouwd. Je hoort er nog wel enigszins bij, maar het is anders dan vroeger. Je maakt geen plannen voor vakanties samen en beseft dat je natuurlijk niet altijd even welkom bent. Je hebt de sprong naar buiten van je kind begrepen, gewaardeerd en overleefd.

De grote, vreemde wereld van je kinderen, die je vaak ternauwernood kent, houdt hen druk bezig. De ontwikkelingen in de werkelijkheid buiten volg je nog maar net of niet. Je bent zo nieuwsgierig naar waar ze zo druk mee bezig zijn dat er geen tijd voor contacten, laat staan voor dieper gaande gesprekken overblijft. Ook voor je eigen verworvenheden is er geen plaats. Mijn wereld en ikzelf zijn voorbij, voel je soms. De kinderen tonen een besef van extra zorg en beschermende verantwoordelijkheid, die je als ouder zelf minder nodig acht. Het besef dat je kinderen je voorbij zijn in kennis, meningen en opvattingen, dringt vaag tot je door.

Oude vrienden en degenen die je na stonden, zijn overleden. Het gemis van hen blijft door alle fasen heen, maar verandert wel; de vreugde aan de herinneringen van toen krijgt de overhand. Soms wil je daar wel over praten. Aan het kinderverdriet als je zelf dood bent, denk je maar niet. Je weet dat dat ook voorbijgaat. Even komt in je op: hoe zullen ze denken dat ik was? In de wereld rondom is je oude huis verdwenen, je land, je omgeving herken je vaak niet meer. De bomen zijn groot geworden of gerooid, het rozenperk naast de vijver is overwoekerd. Je hebt afscheid genomen van veel dat je dierbaar was, niet altijd opgemerkt toen. Het vele rijke dat erbij gekomen is, vind je een tijdje onwennig, hoe mooi ook. Wat bleef is zo vanzelfsprekend dat het je niet opvalt. Triest, denk je, áls je al denkt. Een moeizame fase.

Maar... er zijn andere dingen, meer facetten in je levensloop. Het genot er te zijn, zo oud geworden te zijn. Het breder geworden beekje, de wilde eenden die aanvliegen, ontelbare dingen buiten. Maar binnen ook, in de kamer zie je als voor het eerst die stoel in de hoek, als in een eigen apart samen... Een soort oceanic beleven als in het begin als je er net bent, misschien al in ongeboren staat. Het één zijn in alles. En ook bewust zien en horen wat je 'mooi' vindt. Geluksmomenten in iets doorzien en begrijpen, weten: begrijpen van gevoelens van jezelf en van anderen, hoe mensen rationeel en relationeel met elkaar omgaan. Het gevoel van de jongeren die voor je opstaan in de tram, ik noem maar wat. Een beleven van 'wij'. Verbanden die ontstaan en vergaan. Het heerlijke besef: ik hoef niets! Niets om te overleven, het ellebogen is voorbij. Ik ben ik, lekker alleen... en toch bij anderen, het is ook opgenomen zijn in een soort algehele verbondenheid die je zelf mee schept.

Naast het genot van dingen rondom je, moet je het bestaande ook zelf maken, tot het rommel opruimen toe. En het 'alle tijd hebben', dat het haastig dóór moeten opzij zet. Telkens klaar, af en weer opnieuw iets kunnen willen, dat ook niet af hoeft. Sisyphus onderweg. En dan opeens een klein paars bosviooltje tussen de dennenbomen, alsof het én zelf ontstaat, én ik het maak als ik het ontdek. Het wonderlijke laatste boek dat je gelezen hebt, dat werkelijk formuleert wat je af en toe al eerder dacht en niet duidelijk zeggen kon. Over talloze computers in je hersenen, in elke cel van je lijf. En geest, ratio en gevoel, leven en dood, steen en dier, van toen en straks en nu. Van nieuw en opnieuw. Je eigen voorkeur uit alle mogelijke uitkomsten. Het geluksgevoel, in deze late fase te zijn aangeland bij het viooltje, madeliefje, de eik en de aanvliegende eenden en de teckels, mijn honden. Iets onderscheiden én tegelijk ongescheiden van alles. Het gevoel vrij naar links of rechts te kunnen gaan – na een concentratiekamp destijds.

Het minder goed begrepen worden door je kind, overen onderwaardering voor wie en wat je bent, want aan die identificatie is het kind niet toe; het is immers niet in latere fasen geweest! Maar intuïtief? Wie weet? Voor jezelf en in het algemeen ben je nu niet meer zo op vervulling van wensen en illusies uit. Wel blijft altijd de hoop op preventie van geweld, waarover ik schreef in het boekje *Wat ouders niet weten* (2001).

De eenzaamheid in relaties, naast het bevrijd zijn van de onophoudelijke invloed van de aanwezige ander, kan welkom zijn. Het missen van dierbaren, tegelijk met de mogelijkheid van een vrijere, verdere groei, hoeft geen rem te zijn. Alles op zijn tijd, misschien zelfs het ervaren van liefdesverlies? Er is geen verlies, denk ik dan nu, het is alleen liefde in een andere vorm dan die van volwassen ouder en onvolwassen kind. Gewenst beschikbaar, zonder ingrijpend aandringen in het met zichzelf bezig zijnde kind. Je overbodig geworden bescherming. Nieuwe regels voor de ouder-kindomgang. Het toekomen aan een late fase met nieuwe tegenvallers in de werkelijkheid van het bestaan, die je niet zoveel meer doen. Maar het nooit opgeven van preventie van geweld.

Jannie Wolfswinkel

'Laat nooit merken dat je bang bent!'
– *Jannie Wolfswinkel, 22 augustus 1918, Amsterdam*

Ik ontmoette Jannie toen ze zevenenvijftig jaar was. Ik was vierentwintig en net verliefd op Henk, haar zoon. Ze woonde alleen in een chique, hoge flat, op de zevende etage in Amstelveen. Jannie was klein, maar ik merkte meteen dat ze precies wist wat ze wilde en er ook voor uitkwam. Ik moest daar in het begin aan wennen. Als dochter van een diplomaat had ik vooral geleerd om mij goed en beleefd te gedragen. Jannie zei: 'Meid, ik zeg altijd wat ik vind, daarna ben ik het kwijt.' Hier had ik bewondering voor. Wat moedig, dacht ik en ik bleef zwijgen.

Met de jaren leerde ik haar beter kennen. Ze heeft een groot hart. Als ik moe was of een weekend alleen wilde zijn met Henk, konden wij ons zoontje Kabir altijd bij haar brengen. Dit was heerlijk voor een jong verliefd stel. Wij brachten hem dan weg op zaterdagmiddag en gingen zondag met zijn allen lunchen. Dit beviel ons allemaal goed. Kabir was gek op zijn oma en mocht van haar allerlei dingen die bij mij niet mochten. Samen gingen ze de ramen lappen met veel water en sop. Het maakte haar niet uit of haar huis overhoop werd gehaald, later werd er weer opgeruimd. Ze had in haar huis ook veel oud speelgoed bewaard van Henk toen hij klein was. Zo speelde Kabir met de oude autootjes van zijn vader, van die mooie gekleurde, blikken autootjes uit de jaren vijftig.

Bij Jannie was het gezellig. Als je bij haar kwam, stond er een glaasje wijn en een toastje paling klaar. Ze genoot van het feit dat ze alles kon kopen, van lekker eten tot juwelen en bontjassen. Als ze iets wilde hebben, kocht ze het.

Toen ik haar leerde kennen, leefde ze al gescheiden van de vader van Henk. Ik kon soms merken dat ze het moeilijk vond, maar dat gaf ze niet toe, niet eens aan zichzelf. En ze genoot ook van haar nieuw verworven vrijheid.

Jannie is voor mij een voorbeeld van iemand die echt wat van het leven maakt. Ze reisde de wereld rond, samen met haar beste vriendin Thea. Samen maakten zij prachtige cruises over de oceaan, van Bali en Indonesië tot St. Petersburg en de mooie havens in Rusland. Ze reisde ook alleen naar Mexico en de Caribische Eilanden. Ze reed in haar open, rode Opel Cabriolet tot het moment dat haar ogen werden afgekeurd. Niet meer mogen autorijden vond ze moeilijk, haar auto gaf haar vrijheid. Toen gaf ze haar auto aan Kabir cadeau, die inmiddels zijn rijbewijs had.

Tot haar negentigste heeft ze alleen in haar flat gewoond. De afgelopen jaren woont ze in een bijzonder bejaardenhuis, dat ooit door een vrouw is gesticht: Elisabeth Otter Knol. Er heerst daar een deftige sfeer en er is een goede kok, die elke dag verse maaltijden bezorgt. Er is ook een tuin, waar Jannie af en toe met haar rollator naartoe gaat. Haar lieve buurvrouw van de flat in Amstelveen woont daar nu ook. 's Avonds bezoeken ze elkaar en soms drinken ze samen een borrel.

Deze laatste fase is niet gemakkelijk. Jannie kan steeds minder goed zien en minder goed lopen. Zoals ze zelf zegt: 'De lol is eraf.' Het is triest om haar zo te zien. Maar soms kunnen wij er ook samen om lachen. Elke keer dat ik haar zie, weet ik niet of het de laatste keer zal zijn. Als wij samen zijn, vertellen we dat wij van elkaar houden.

En terwijl ik dit schrijf, denk ik: Jannie, jij hebt alles uit het leven gehaald wat eruit te halen was, en dat is knap! Ik hoop dat je honderd wordt, en als het niet zo is, heb ik er ook vrede mee.

Patricia Blok in gesprek met Jannie Wolfswinkel

Ik wil jou interviewen, omdat jij een van de bijzondere vrouwen in mijn leven bent.
Waarom? Ik ben niks bijzonders, hoor.

Je bent drieënnegentig geworden, dat is al bijzonder.
Dat is in dit bejaardenhuis niet bijzonder, want alle mensen zijn oud. Er zijn hier dames van honderd, en een mevrouw wordt al honderdeen. Ik zoek haar weleens op. Ik wilde vroeger honderdtwee worden, maar nu niet meer, hoor!

Jij vindt het zo wel goed?
O ja, ik ben liever vandaag dood dan morgen. Ik zie bijna niets, mijn ogen zijn vreselijk slecht. Maar ja, daar is niets meer aan te doen, het is nu eenmaal zo.

Wil je iets vertellen over jezelf als kind, over de omgeving waarin je opgroeide?
Ik ben geboren in 1918, aan het eind van de Eerste Wereldoorlog. In Amsterdam was geen eten. Ik woog 3,5 pond toen ik geboren werd. In die tijd was er geen couveuse, maar ik heb het overleefd. Mijn vader was cavalerist en was met zijn paarden in Brabant bij de boeren. Daar kreeg hij goed te eten.

Aan het einde van de oorlog kwam mijn vader terug naar Amsterdam. Ik heb zijn genen, ondanks alles ben ik sterk geworden. Na de oorlog was er nog steeds weinig eten. Ik had dood kunnen gaan, maar dat is niet gebeurd.

Vertel eens over de omgeving uit je jeugd.

Ik ben geboren in een klein huis op het Molenpad, een straat tussen de Prinsengracht en de Keizersgracht in Amsterdam. Ik kan mij herinneren dat er aan de overkant een meisjesschool was. De kinderen waren altijd tussen de middag aan het touwtjespringen. Ze hadden dikke vlechten die op en neer gingen. Ik wilde ook touwtjespringen, maar ik had dunne vlechtjes, die gingen niet op en neer.

Toen werden mijn broertjes geboren. De kamers waren zo klein dat mijn vader met zijn voeten in de kast moest slapen. Na de oorlog werden er nooddorpen gebouwd in Amsterdam-Noord, zoals Vogeldorp en Disteldorp. Wij kwamen in Disteldorp te wonen. Daar zijn de meeste kinderen van ons gezin opgegroeid. Mijn moeder kreeg bijna elke veertien maanden een kind.

Jullie gezin bestond uit negen kinderen, toch?

Ja, ik was de oudste. Mijn moeder kreeg in vierenhalf jaar de eerste vier kinderen. Erg hè, je moet er toch niet aan denken! Mijn vader was enig kind, dat vond hij verschrikkelijk. Hij zei altijd: 'Later wil ik één plus nul', dus tien kinderen. Er zijn er negen gekomen.

Maar het was wel altijd gezellig bij jullie.

O ja. Het mooiste was dat in 1928 de Olympische Spelen in Amsterdam werden gehouden. Daardoor kwam er meer werkgelegenheid en kreeg mijn vader werk als trambestuurder. Vanaf 1926 heeft mijn vader altijd gewerkt, daarvoor is hij een paar jaar werkloos geweest. Dertig procent van de bevolking in Amsterdam was werkloos. Die mensen moesten twee keer per dag stempelen: om elf uur en om drie uur 's middags, er stonden lange rijen.

In Disteldorp was zestig procent van de mensen werkloos. Mijn vader was een flinke man, groot, en knap met dat uniform aan. Alle vrouwen waren gek op hem. Hij was bijna de enige met werk in het dorp.

Hoe heb jij in je leven inspiratie gevonden? Wat vond je inspirerend, wat gaf je altijd weer zin?

Ik kon vrij goed leren, daarom ben ik naar de mulo gegaan. Daarna wilde ik gymnastiekonderwijzeres worden. Daarvoor moest je naar een speciale school en die moest je zelf betalen. Mijn vader zei: 'Je hebt de kans gehad om de mulo af te maken, zo'n particuliere school kan ik niet betalen.' Toen ben ik op kantoor gaan werken, bij Van Gelderen, een internationale krantenhal op het Damrak. In die tijd verongelukte de prinses of de koningin van België met skiën in Zwitserland. Dat stond groot aangekondigd bij die krantenhal. Terwijl ik dat bericht stond te lezen, werd er een foto van mij genomen. Die foto heeft in de krant gestaan.

Ik werkte daar een tijd als secretaresse. Ik verdiende bijna niks, want ik was een stagiaire. Ik werd gewoon gebruikt. Ik moest brieven zonder postzegels rondbrengen om postzegels uit te sparen. Daar werd mijn vader kwaad om. Hij ging naar Van Gelderen om verhaal te halen, maar zij scholden hem uit voor fascist. Ik mocht er van mijn vader nooit meer naartoe. Als hij één ding niet was, was het fascist. Wij zijn thuis opgevoed met een groot gevoel voor rechtvaardigheid. In de oorlog zaten twee van mijn broers in het verzet. Ze werkten bij de Fokkerfabriek en hebben de fabriek opgeblazen, zodat de Duitsers de vliegtuigen die daar werden gebouwd, niet konden gebruiken.

Onze familie kwam daardoor in de gevangenis: mijn vader, alle kinderen en ook de bloemenman, want hij was die avond bij ons op bezoek. Mijn moeder was toen al dood. De enige die bang was in de gevangenis, was de bloemenman. Hij huilde de hele tijd. Uiteindelijk werden we vrijgelaten, behalve mijn broers van twintig en eenentwintig. Die zijn vermoord. Dat heeft mijn vader nooit kunnen verwerken. Mijn twee broers, Ton en Bertus, zijn nu oorlogshelden. Er is een straat in Amsterdam-Noord naar hen vernoemd: De Gebroeders A. en B. Wolfswinkelweg.

Ik heb ook nog een tijdje op een makelaarskantoor gewerkt. Daar verdiende ik een tientje in de maand. Maar uiteindelijk ben ik het kappersvak gaan leren. Ik kreeg een vriendinnetje dat leerling-kapster was. Die verdiende een rijksdaalder in de week, met fooi erbij kwam ze op zes of zeven gulden. Ik dacht: dat is meer dan wat ik nu verdien op kantoor. Zo werd ik kapster, en dat ben ik altijd gebleven.

Dat vond je ook leuk, toch?
Ja, en daar heb ik altijd mijn brood mee verdiend.

Vertel eens over de belangrijke overwinningen in je leven.
Tja, dat weet ik niet.

Bijvoorbeeld dat je veel angsten hebt overwonnen.
Een overwinning is voor mij dat je jezelf nuttig maakt en dat je werkt, geld verdient. Dat verdiende geld gaf ik aan mijn ouders. Ik hield zelf maar een gulden over. Maar zo ging dat toen. Rond 1930, toen ik jong was, was het een slechte tijd in Nederland. Veel mensen waren werkloos.

Was er iemand in je leven die voor jou een voorbeeld is geweest?
Nee, ik heb altijd alles zelf gedaan, ik was nergens bang voor. De eerste maanden na de oorlog was er geen eten in Nederland. Na de bevrijding had ik een Canadees leren kennen. Die stuurde me altijd thee op, en andere dingen. Franky Lane heette hij, geloof ik. Toen dacht ik: ik ga naar Franky Lane.

In Canada?
Ja! Ik zei tegen mijn vader: 'Pa, ik ga naar Canada!' Toen ben ik naar IJmuiden gegaan. Daar lagen de vissersschuiten. Die gingen naar Hull, in het noordoosten van Engeland, om te

bevoorraden. Ik heb gevraagd of ik mee mocht varen. Annie, mijn zus, bracht me weg. Uiteindelijk is Annie ook meegegaan.

Tijdens de tocht hebben wij ons als mariniers verkleed, zodat wij bij aankomst in Engeland niet ontdekt zouden worden. Maar toen de Engelse douane aan boord van het schip kwam, werden we toch gevonden.

Terwijl jullie je als mannen hadden verkleed?
Ja, we zaten op een Nederlands schip, dus dat was Hollands grondgebied, maar we mochten er niet af. 's Avonds hebben wij onze gewone kleren weer aangetrokken en zijn met de mannen een borreltje gaan drinken in een kroeg. Wij vertelden wat er in Nederland tijdens de oorlog was gebeurd. Er zat een aardige vrouw in de kroeg. Ze kwam erbij zitten om naar onze verhalen te luisteren. Ze moedigde ons aan en gaf me een armbandje met haar naam en adres, zo zouden we haar kunnen schrijven als wij in Canada aankwamen.

Ik ben op de trein richting haven gestapt om de boot naar Canada te nemen. Toen ik bij de haven aankwam, vroegen ze of ik niet goed bij mijn hoofd was. Alle beschikbare scheepsruimte was voor de Amerikanen en Canadezen, die in de oorlog in Europa gevochten hadden. Die moesten naar huis.

Dan ga ik maar weer terug naar Hull, dacht ik. Daar aangekomen, wist ik niet meer waar die schepen lagen, maar goddank had ik het adres van die vrouw. Ik dacht: ik neem een taxi en laat me naar het adres van die vrouw brengen. Zij weet wel waar de vissersschepen liggen. Toen stopte er een auto en er kwam een kerel naar mij toe. Hij vroeg: *'Are you a Dutch girl?'* Ze gingen mij controleren, maar ik zag Annie ook in die auto zitten. Het was een politieauto. We werden naar de gevangenis gebracht, maar iedereen kwam ons koekjes, chocola en fruit brengen. We moesten alles vertellen over de hongerwinter die wij hadden meegemaakt in Nederland. Het was hartstikke goed daar. Twee dagen erna moest ik voor de rechter komen. En in de krant stond: 'Attractive looking Dutch girl'. Helaas kan ik dat artikel niet meer vinden.

Ik kreeg twee pond boete, dat heeft iemand voor mij betaald. Toen hoorde ik dat er een schip naar Holland ging. We konden mee, maar moesten dan veertien dagen mee gaan vissen.

De volgende dag hoorde ik dat de zoon van een Nederlandse schipper op een mijn was gelopen. Die man moest meteen naar Nederland om zijn zoon te begraven. Toen konden we mee terugvaren naar Nederland, zonder veertien dagen vissen.

Na twee, drie dagen waren we weer in IJmuiden. Annie en ik gingen met z'n tweeën naar Amsterdam. Mijn vader was daar trambestuurder. We wisten dat pa met lijn twaalf reed. Wij stapten bij hem in en zeiden: 'Zo pa, we zijn alweer terug.' Ik was nooit ergens bang voor, ik durfde alles.

En later, na je huwelijk, ben je veel gaan reizen.
Ja, met mijn beste vriendin Thea. Zij was een keer met haar man op een 'zeven-zeeëncruise' gegaan. Toen had hij gezegd: 'Dit is zo fijn, ga ook maar een keer met Jannie.' En dat was veel leuker voor haar. Haar man ging al vroeg naar bed, dan moest zij mee. Dat was jammer, want het was daar vaak tot een uur of twee feest. Toen ze met mij alleen was, namen wij de ronde van zeven uur om te eten. Dan waren we als eersten klaar, zodat we in de danszaal een goed plekje konden uitkiezen. Wij bleven lekker tot twee uur dansen. Ach, ik heb gewoon een erg leuk leven gehad. Ik durfde altijd alles, dat scheelt natuurlijk.

Als ik een reis besprak, betaalde ik meteen. Thea vroeg geld aan haar man, maar zij maakte het op aan andere dingen. Dus later gaf haar man het geld direct aan mij. Ik kocht dan de kaartjes voor onze cruises samen. Ik ben altijd zuinig geweest.

En ik ben ook nog op reis naar Mexico gegaan.

Heb je dromen voor de toekomst?
Doodgaan, ik wil liever vanavond dood dan morgen. Ik zie niks meer. Ik zie jouw gezicht niet eens.

Ben je niet bang voor de dood?

Nee, dood gaan we allemaal. Ik ben klaar met leven. Ik heb een hartstikke leuk en mooi leven gehad. Ik heb alles gedaan wat ik wilde en ik ben overal geweest. Met Thea heb ik een tijd in Canada gewoond. We huurden samen een auto en zijn naar Las Vegas gegaan. Haar man vond het best. Thea en ik hadden ontzettend veel plezier samen. Ze is onlangs overleden. Ik mis haar. Ik ben nog goed bevriend met haar man en dochter. We hebben regelmatig telefonisch contact.

Je bent getrouwd geweest, hebt een zoon en een kleinzoon. En daarna kreeg je een nieuwe liefde.

Ja, daarom ben ik best tevreden over mijn leven.

In de hongerwinter zijn Annie en ik naar Friesland gelopen. Dat duurde vijf dagen. Mensen uit steden zoals Haarlem gingen naar de boeren toe. Maar die hadden op het laatst ook geen eten meer. Toen werd de brug over de IJssel afgesloten. Daardoor kon je niet meer naar Groningen of Friesland lopen. Wij hebben toch geprobeerd om die brug over te gaan, maar de Duitse bewakers hielden ons tegen. 'Dat mag niet, anders worden jullie doodgeschoten.' Waarop ik zei: 'Ach, vooruit dan maar, als het maar samen met de Russen is, dan vinden we het niet erg.'

En je was niet bang?

Welnee, ik ben nooit bang geweest. Ik sprak goed Duits. Daarna zei de Duitse bewaker: 'Weet je wat, we hebben ingekwartierd gelegen in het vijfde huis na de brug. Daar hebben ze nog elektrisch licht. Gaan jullie daar slapen en zorg dat jullie morgen vroeg buiten staan wanneer wij worden afgelost, dan zorgen wij dat jullie naar de plaats worden gebracht van waaruit jullie naar Groningen kunnen lopen.' We belden bij die mensen aan, maar die weigerden ons. Ze zeiden: 'Nee hoor, we zijn veel te blij dat we eindelijk van die Duitsers af zijn.' Toen zei ik: 'Nou dan niet, dan blijven we hier voor de deur slapen, want waar moeten we anders naartoe?' Dat wekte haar medelijden op, want het was erg koud buiten. We mochten toch binnenkomen.

We vertelden allemaal verhalen, dat we katten hadden geslacht om te eten. Toen kregen we lekker eten van die mensen. 's Avonds kregen we thee en koekjes. Toen zei ik dat die Duitsers die bij de brug stonden, morgen vroeg om vijf uur afgelost zouden worden. Dus de volgende morgen na het ontbijt stonden wij klaar. Maar toen we eenmaal bij de brug waren, kwamen er van de andere kant nieuwe Duitse bewakers. Die kenden we niet, dus we konden overnieuw beginnen.

Wij bedachten een ander plan. 'Weet je wat,' zei ik tegen Annie, 'onze jongere zusjes zijn ondergedoken bij boeren. Misschien kunnen zij ons naar de andere kant van de IJssel brengen.' We gingen die richting op, maar het was een eind lopen. Op een gegeven moment zagen we twee meiden, en wij zeiden: 'Hé, dat zijn Hennie en Willie,' en zij zeiden: 'Hé, dat lijken Annie en Jannie wel.' Zij waren ondergebracht bij christelijke boeren. Het was zondag en zij moesten naar de kerk om voor een goede oogst te bidden. Daar zijn ze toen maar niet heen gegaan. Hennie had een vriend met wie ze later is getrouwd. Hij woonde daar in de buurt. Die avond zijn we bij die mensen gaan eten. De vriend van Hennie heeft ons later naar de overkant van de IJssel gebracht.

We zijn in vijf dagen tijd bij verschillende boeren langsgegaan, daar hebben we eten opgehaald. Ik had een rugzak vol. Daar zaten theedoeken in, die ruilde ik bij de boeren voor eten. Als we bij boeren kwamen, zeiden ze vaak: 'Nee hoor, we nemen niemand in huis.' Dan zei ik: 'Nou, dan blijven we hier zitten en slapen we vannacht gewoon in het gras.' Dan mochten we meestal toch binnenkomen. We hadden ook van die rode boerenzakdoeken bij ons. Dat vonden ze mooi.

Annie en ik zongen altijd tweestemmig als we in bed lagen. Dat vonden die mensen hartstikke leuk, want niemand had een radio. Ze zeiden: 'Ga eens naar die en die boer toe om te zingen.' En om te ruilen, natuurlijk.

Op die manier zijn jullie de oorlog doorgekomen.

Ja, en het allermooiste was: toen we niets meer te ruilen hadden, gingen we Duitse kampeerliedjes zingen. Met onze opnieuw gevulde rugzakken gingen we op weg naar huis. Op een gegeven moment zijn we toch over de brug van de IJssel heen gekomen. Er kwam een auto langs die verderop stopte. We zijn er hard naartoe gehold. Het bleek een Duitser te zijn die naar Hilversum ging. We moesten van hem in de lucht kijken of er Tommy's, Engelse soldaten, in vliegtuigen overkwamen.

In Hilversum moesten we uitstappen, we moesten lopend verder. Toen zagen we een man met paard-en-wagen, en we mochten meerijden. Daar zijn we misschien maar twee of drie kilometer mee opgeschoten, want hij moest eten bij mensen langsbrengen. Maar er stopte weer een auto, en wij vroegen of we mee konden rijden naar Amsterdam. Die man wilde ons meenemen tot over de Berlagebrug. Maar hij wilde wel eieren en vlees hebben, dus moesten we hem schadeloosstellen. Bijna al het eten hebben we moeten afgeven. Het laatste stukje naar huis hebben we gelopen.

Welke boodschap wil je meegeven aan andere vrouwen?

Nooit laten merken dat je ergens bang voor bent, anders nemen ze je van alle kanten in de tang. Gewoon alles durven. Je ziet wel hoe het afloopt. En ook: pas je aan aan de omstandigheden.

Dankwoord

Dank je, Saskia Praamsma, voor deze prachtige nieuwe paperback editie van *Ode aan de vrouw*. Zonder jouw was deze nieuwe uitgave nooit geboren. Nogmaals dank.

Heleen Buth, mijn oorspronkelijke uitgever bij The House of Books. Heleen, dank je dat je mij vroeg om een nieuw boek te schrijven. *Ode aan de vrouw* was een project van jaren. Het verzamelen van ideeën en het rijpen daarvan was nodig voordat het een boek kon worden. Dank je voor je begeleiding om deze droom, *Ode aan de vrouw*, waar te maken!

Patrizia Melis, jij was mijn buurvrouw en werd een vriendin en onmisbare hulp om de interviews van geluid naar papier over te brengen. Dank je voor je trouwe hulp en professionele aanpak.

Dank je Diana Blok voor je schitterende foto van mij in de lente van mijn leven

Billie Glaser, dank je voor de mooie fotos van mij door de jaren heen!

Anna Perquin, dank voor je geduld tijdens de redactie die wij eindeloos samen deden en die uiteindelijk tot een prachtig boek leidde. Dank je voor de inspirerende opmerking die kwam op het goede moment nadat jij een deel uit *Ode aan de vrouw* had gelezen: 'Ik werd meegesleept door de sfeer... Het deed mij denken aan de beschrijvingen in de boeken van Isabel Allende.'

Vrouwelijk Leiderschap; Koningin van je eigen gebied!

Wat betekent het om Koningin van je eigen Gebied te zijn? Hoe word je dat? Wat is vrouwelijk leiderschap?

Als vrouw kunnen wij leren leiding te geven zonder onze macht te misbruiken. Veel vrouwen zijn bang voor macht omdat ze geen goed voorbeeld hebben gehad. In dat opzicht zijn wij als vrouw pioniers in leiderschap.

Elke vrouw zou zichzelf kunnen beschouwen als de Koningin van haar leven. Alles wat onder je verantwoordelijkheid valt, is jouw gebied en koninkrijk.

Als vrouw kunnen wij leren onze macht anders te gebruiken. Wij kunnen dienen door leiding te geven aan ons eigen gebied.

Of dit nu ons lichaam, ons gezin, familie, vrienden, buren, werk, huis of hobby's zijn, ze maken allen deel uit van ons eigen koninkrijk. Het maakt niet uit hoe klein of groot jouw eigen gebied of koninkrijk is; het hoort bij jou. Door ons eigen gebied te begeleiden en te dienen, groeit en bloeit ons koninkrijk.

Een aantal eigenschappen die bij vrouwelijk leiderschap horen zijn: geduld, volharding, mededogen, vriendelijkheid, flexibiliteit en goede communicatie.

En als je koninkrijk uit elkaar valt? Dan begin je weer opnieuw... met jezelf.

Word een betere Koningin van je eigen Gebied, volg de training:

Vrouwelijk leiderschap; Koningin van je eigen Gebied!

Voor meer informatie:
www.patriciablok.com
www.patriciablok.nl
patricia.blok@euronet.nl

www.ingramcontent.com/pod-product-compliance
Lightning Source LLC
Chambersburg PA
CBHW022112040426
42450CB00006B/664